Danny Pieters
Social Security:
An Introduction to the Basic Principles

社会保障の基本原則

ダニー・ピーテルス 著

河野 正輝 監訳

法律文化社

SOCIAL SECURITY : An Introduction to the Basic Principles
by **Danny Pieters**

© 2006 Kluwer Law International BV, The Netherlands
Japanese translation published by arrangement with
CESS b.v.b.a. through The English Agency (Japan) Ltd.

日本版への序文

　学問は国境に拘束されず，本質において普遍的である。社会保障は国によってさまざまであり，一国の中に多様な社会保障制度が共存することさえある。この場合，社会保障を学問的に研究することは可能なのであろうか？　私は可能であると心から信じている。社会保障の原則に関するこの小著を執筆することによって，私が試みたことは，いくつかの原則は世界中のほとんどの社会保障制度に共通であることを証明することであった。つまり私は，すべての国がそのなかから自分たちのニーズと資力に最も適した要素を選択している「メニュー」の素描を試みたのである。同時に私たちはこの「メニュー」によって，それぞれの国が直面している社会問題に他の解決策があることを示唆することもできるのである。

　本書が世界の他の言語に翻訳されることは，私にとって光栄であるのみならず，私が証明しようとしたとおり，社会保障の普遍性が確認されることでもある。本書の日本版を今日ここに公刊できることは，私にとってとりわけ喜びである。それは世界のこの重要な地域に本書が紹介されるだけでなく，そこに含まれている情報を利用することが日本の読者に可能となるからである。その情報は，本書の翻訳と編集の面で共同作業を行った日本のもっとも卓越した社会保障研究者の手によって案内されている。私はこれらの日本の同僚に対して深く感謝したい。そのなかには光栄にも私の友人と呼べる人も含まれている。社会保障の基本原則への入門である本書の日本版は，また多くの期待を私に抱かせる。日本版によって日本の社会保障研究者と私たちのヨーロッパ社会保障研究所との対話が強化され拡大されることを期待したい。私は経験からそうした対話がいかに興味深いことかを知っている。その対話によって，私たちは社会保障をより深く理解でき，新しい考え方と展望を与えられ，こうして私たちすべてがもがいている問題に取り組むのを助けられるのである。私たちの社会は

国民のニーズと，何よりまず第一に最も弱い人々のニーズと，いかにして全力で取り組むことができるのであろうか？　この日本版が，日本の翻訳者であり同僚である人たちの作業の栄冠であるだけでなく，彼らおよび日本のすべての社会保障研究者と私たちとの高度の共同研究の出発点ともなることを，心から願う所以である。

　　　　2010年12月
　　　　　　　　　　　　ルーヴァンにて　　　　ダニー・ピーテルス

目　　次

日本版への序文

序　　文 ─────────────────────────── 1

第1章　社会保障の概念 ───────────────────── 7

概念の多様性（7）　実用的な定義──本書の作業仮説（9）　アクティヴェーション，租税支出との関係（10）　民間保険，私的な扶助との関係（11）　2つの手法──社会保険と社会扶助（12）　社会保険と社会扶助の融合（14）　戦争犠牲者補償等の性格（15）　新しい連帯のかたち──デモグラント，ベイシック・インカム（15）　ビスマルク型とベヴァリッジ型から（16）

第2章　社会保障法の法源 ───────────────────── 18

社会保障に関する憲法条項──4つのタイプ（18）　基本的社会権を規定する憲法条項（19）　社会保障に関して権限を付与する憲法条項（20）　行政権による規則制定（21）　自治的な運営組織による規則制定（21）　法源としての集団的な協定（22）　法源としての判例，擬似法令（23）　連邦制の場合の法源の特色（24）　法源としての国際的および超国家的な法律文書（25）

第3章　社会保障の管理運営 ──────────────────── 26

管理運営の階層的な組織（26）　社会保障管理運営の機能的な分権化（28）　社会保障管理運営の地域的な分権化（30）　地域的分権化と連邦制下の権限分配との相違（31）　管理運営への当事者の参加（32）

第4章　人的な適用範囲 ―― 34

拠出面の適用範囲と給付面の適用範囲（34）　全住民をカバーする社会保険の適用範囲（35）　職域別の社会保険の適用範囲（36）　自営業者の社会保険の適用範囲（37）　公務員等の特定の職業分野（38）　職域別の構造から生ずる調整問題（39）　国籍と社会保険の適用範囲との関係（40）　社会保険関係の終了と余後効（40）　直接的な被保険者と間接的な被保険者（41）　社会扶助の適用範囲（42）　不法就労外国人に対する社会的保護の範囲（43）　適用範囲に関連するその他の留意点（45）

第5章　社会的リスク（概念） ―― 47

社会的リスクの対象範囲（47）　諸リスクの異同とその取扱い（48）　労働災害の位置付け（49）　職業病の位置付け（50）　出産の位置付け（52）　社会的リスクとしての認知（53）　社会的リスクの認知方法（55）　第三者への賠償請求（57）　社会保障制度の外側での認知（58）

第6章　社会的リスクおよび社会的給付（総論） ―― 59

社会的給付の目的――予防，回復そして最後に補償（59）　現物給付と現金給付――給付水準を決定する方法（59）　給付の自動再調整（61）　被扶養者がいる場合の給付（62）　資力調査の範囲，程度と調査方法（63）　併給調整の方法（64）　社会保障給付の終了（66）　社会保障受給権の譲渡禁止，差押禁止等（66）　給付の申請をめぐる問題――未請求，遡及制限等（67）　既得権の尊重とその限界（68）　社会保障給付における差別取扱いと平等権（69）　反社会的行動に対する給付制限（70）

第7章　老　　齢 ―― 72

老齢のリスクの特殊性（72）　老齢のリスクの保障方法（73）　年金

の金額の決定要素（74）　老齢給付の支給開始年齢（75）　年金制度への加入期間（76）　特に過重で危険な職業活動の取扱い（78）　被扶養者の取扱い（78）　所得・退職等の要件（78）　老齢年金の金額の決定要素（79）　年金通算の取扱い（81）

第8章　死　　亡 ──────────── 82

稼ぎ手の喪失のリスク（82）　期間調整給付の考え方（83）　遺族給付の支給要件（83）　死亡した者との関係（84）　年齢（85）　遺族の再婚（85）　資力調査（86）　遺族年金と老齢年金（86）　調整給付の受給（86）　孤児等の受給資格（87）　民間保険（87）　葬祭給付（87）　労働災害補償（88）　経過措置的給付（88）

第9章　労働不能 ──────────── 89

労働不能に関する給付（89）　稼得能力の喪失の判断基準──「標準となる者」の概念（89）　残存する稼得能力の評価──労働市場の状況を考慮に入れるか（90）　「標準となる者」の稼得能力（91）　労働不能程度の区分と審査手続き（92）　初期の労働不能給付と長期の労働不能給付（93）　初期の待期期間（93）　長期の労働不能給付──障害給付の決定の方法（94）　労働不能給付の受給者による稼得の取扱い（95）　労働不能の予防と回復のための給付（95）　労働不能の原因に着目した特例（96）

第10章　失　　業 ──────────── 99

失業保険と失業扶助（99）　失業保険の適用対象（99）　失業の「非自発」性，非有責性および労働市場への有用性（100）　求職要件（101）　適職の概念と基準（101）　労働の意思（102）　受給期間中の就労の取扱い（103）　部分的失業の概念と失業給付（104）　労働市場への再統合（104）　受給資格に必要な最低就労期間（105）　給付の支給期間と終了（105）　失業給付の支給額（106）　退職年齢に達した失

業者の取扱い（107）　労働契約の解約に対する賠償と失業給付の調整（107）

第11章　家族負担 ———————————————— 108
児童手当の目的（108）　児童手当の支給方法（109）　家族給付の種類と方法（110）

第12章　保健医療 ———————————————— 113
保健医療の利用可能性（113）　健康権の2つの側面（113）　保健医療の提供主体（114）　保健医療の選択の自由（114）　社会保健医療制度の内容（115）　保健医療へのアクセス可能性（116）　医療保険の適用範囲と不平等の問題（116）　保健医療の提供方法（117）　保健医療提供者に対する報酬の支払い方法（118）　現物給付方式と償還払い方式（119）　利用者負担（119）　待期期間（120）　個人の責任と受給権（120）　労働災害補償給付（120）　保健医療費増大の原因（121）　保健医療の「過剰な消費」への対応策（121）　民間医療保険（123）

第13章　ケア（依存状態）———————————————— 124
新たな社会的リスクとしての依存状態（124）　社会の実質的な変化（125）　高齢者の増加（125）　家庭の変容（125）　施設入所と不十分な年金（126）　介護の医療化（126）　制度的対応の必要性とその方法（127）　適用範囲と依存状態のレベル（128）　給付方法（128）　人的適用範囲（129）　制度の特徴（129）

第14章　生活困窮 ———————————————— 130
人たるに値する生活の保障（130）　社会扶助の提供責任（130）　一般扶助制度と類型別扶助制度（131）　資力調査の対象（131）　扶助の受給要件（132）　社会扶助給付の「未請求」（134）　扶助の給付形

態（134） 社会扶助の給付制限（135）

第15章 社会保障の資金調達 ───── 136
社会保障給付に必要な資金の調達（136） 資金調達の形態（137） 保険料（137） 被用者保険における保険料（137） 自営業者の保険料（138） 被用者，自営業者，公務員の比較（139） 全ての住民に適用される場合（139） 使用者としての政府の保険料負担（140） 保険料の徴収方法（140） 制度ごとの保険料の設定（141） 付加価値等に対する保険料の賦課（141） 社会保障給付に対する保険料の賦課（142） 政府による資金調達（142） 「代替的な」資金調達（143） 利用者負担（144） 使用者の負担（145） 賦課方式と積立方式（145） 資金調達の直面する問題の原因（147） 資金調達の自治権の地域への移譲（148） 賦課方式における世代間の連帯（148）「租税支出」（148）

第16章 司法上の保護 ───── 150
管理運営機関による内部の審査（150） 裁判所による司法上の保護（151） 社会（保障）裁判所における手続き（152） オンブズパーソンによる苦情解決（154）

第17章 社会保障法における履行強制 ───── 156
社会保障における協力義務（156） 正当な給付拒否または返還請求と制裁との関係（157） 行政上の制裁（159） 刑事上の制裁（160） 行政上の制裁と刑事罰との関係（161） 社会保障における詐欺との戦い（162）

第18章 個人のプライバシーと基本的自由の保護 ───── 164
社会保障と基本的自由との緊張関係（164） IT, 電子政府の導入とプライバシー（165） 基本的自由と社会連帯とを調和させる規範的

な原則（167）

第19章　国際社会保障法 —————————————— 169
国境をまたぐ社会保障問題（169）　調整を定める国際的または超国家的な法律文書（170）　原則を定める国際的または超国家的な法律文書（171）　超国家的な法律文書と国際的な法律文書の区別（172）　国の統合または崩壊の場合の特殊問題（173）

第20章　社会保障（法）の国際比較 ————————————— 174
社会保障（法）比較の意義（174）　社会保障（法）比較の方法（175）　「システムの内部の比較」の重要性（176）　本章および本書のむすびとして（178）

訳者解題
索　引

序　文

　1993年に，我々は初めて前著，『社会保障の基本原則入門』を危険を冒して書いた。その企てはどちらかといえば成功だったようである。というのは，前著はかなり多くの総合大学と社会保障学部で，社会保障を教えるために使用されたからである。前著はオランダ語，リトアニア語，ウクライナ語，アルメニア語，アゼルバイジャン語，グルジア語に翻訳された。我々がその最初のテキストを書き改めることに決めたのは，社会保障における最新の展開と傾向を織り込むためである。それと同時に，我々は，この機会に読者にとって若干難しいと思われたいくつかの部分を明快にすることとした。この新しい入門書が，過去に前著をひもといたすべての人々の要望に応えることになり，そして社会保障を研究する新しい世代の人々に，社会保障について話しかつ考える際の共通の言葉と構造を提供できるようになることを，我々は願う。
　本書は，社会保障のすべての側面を取り扱う網羅的な書物となることを狙っているのではない。むしろその目的は，どの社会保障システムであれ，その構造と展開に見出すことができる選択肢や技術とともに，その概念や原則について簡潔な輪郭を提供することにある。本文では，社会保障がどういう仕方で形成されてきたかという，その多様性を考慮に入れなければならなかった。結果として，その記述は社会保障という主題についてのある種の「献立表（bill of fare）」となっているであろう。つまり記述の各部分は，社会保障システムを構築する際の選択肢であって，だれでも実行できる明確で二者択一的な選択肢

を包含するものとなっているであろう。実を言うと，我々はこの献立表から1つの選択をするつもりはない。そうした選択は，政策決定からみた優先順位や時と場所によって異なる態度とともに，各国のそれぞれの事情という複数の要因によって決定されるからである。

　本書を執筆するという着想のそもそもの始まりは，実は，学術的なものと実務的なものの双方にあった。我々は社会保障の異なった基礎知識を持つ学生たちに，社会保障の共通言語を提供しながら社会保障と社会保障法を教える教材を必要とした。同時に，我々は法律学者として，長い目でみたとき，社会保障の 'ius commune' すなわちコモンローのようなものの発展を夢想してきた。以前に公表した著作の中で，我々はそうした「コモンロー」の構築は，ヨーロッパの法的世界の漸進的な統合に寄与するとともに，法の確立した分科としての社会保障法の完成と，科学的な学問分野としての比較社会保障法の開発に貢献するかもしれないということを指摘した。本書の出版はこの挑戦的で今なお危険な領域への試験的なスタートに過ぎない。そのことは，我々がはっきりと認識していることである。

　それに加えて，社会保障の理論的な入門書を書くという，この危険を伴う仕事を引き受けるもう1つの，もっと差し迫った動機があった。主に過去の共産主義権力が崩壊した結果として，そこでは社会的保護の構造が全体として問われつつあったが，本書もそうした国々にとって役立つことを望んだ。中欧および東欧の民主主義革命に続く時期に，我々の自由になる限られた資力で，実際に試みたことは，混乱した社会の転換を援助すること，そしてあのような状況において社会保障によって設立された連帯の組織を評価し直すことを援助することであった。我々の目的は，ある特定の国の社会保障システムを見習うべき唯一のモデルとして擁護することではなかった。しかし，最も残念なことは，多くの西側諸国の政府および行政職員ばかりでなく，その他の社会保障関係団体も，このことを彼らの使命であると考えたことである。彼らの改革に対する熱意は，たとえ善意であったとしても，その有害な結果は中欧および東欧においてすでに認められ得るところである。我々は本書が，国民のためにより良い

序　文

社会保障への道に踏み出すことを希求する常に新しい国にとっていつまでも適切であることを願う。

　社会保障の理論的な入門書を提供する我々の狙いは，具体的な社会保障制度がそれぞれどこに位置づけされ得るか，その理論的な枠組みの概略を描くことを含んでいるが，しかし，その前に2，3の予備的な所見を述べておく必要がある。

　まず第1に，著者は主としてヨーロッパの社会保障システムの知識しかないことを記しておかなくてはならない。社会保障は間違いなくすぐれてヨーロッパの現象であるけれども，アジア，オーストラリア，アフリカ，および南北両アメリカのすべてが，ヨーロッパのそれとは異なる社会保障システムの発展を示してきていることに留意しておかなければならない。我々はそうした形の社会保障についていくらか知識を有する限りで，本文の中で取り上げることとする。しかしながら，本書は主としてヨーロッパの社会保障システムを対象とするものである。

　社会保障に対する理論的かつ簡潔な入門書を書く試みは，リスクの高い仕事である。我々は，テーマの選別に関してのみならず，提示した様々な選択肢に対する論評に関しても，多くの選択をしなければならなかった。テーマとその細目の選択に関しては，我々は社会保障システムの構造の考察に集中することとした。したがって，本書の叙述は，法的考察に徹することを目的としていないとしても，かなり法律的で，かつ社会保障法それ自体に限定しないものとなっている。結果として，20項目ほどのテーマに分けられることとなっている。この点について，我々は各々の章が，そのテーマをめぐる一つの講義の資料として役立つように，各テーマの1つ1つの範囲をほぼ同じ頁数に制限するように努めている。こうしてアウトラインを描いた各章は次のとおりである。

　○社会保障の概念
　○社会保障法の法源
　○社会保障の管理運営
　○人的な適用範囲

○社会的リスク（概念）
○社会的リスクおよび社会的給付（総論）
○老齢
○死亡
○労働不能
○失業
○家族負担
○保健医療
○ケア（依存状態）
○生活困窮
○社会保障の資金調達
○司法上の保護
○社会保障法における履行強制
○個人のプライバシーと基本的権利（本文第18章標題では「基本的自由」とされている。──訳注）の保護
○国際社会保障法
○社会保障（法）の国際比較

　政策決定における様々な選択肢に関しては，我々の論評をできるだけ抑制すること，そして著者の個人的な選好をできるだけ差し控えることとした。

　基本原則に対する本入門書は，読者に一国の社会保障システムを取り扱う構造を提供する。そういうものとして，本入門書は種々の国の社会保障システムを探索するためのロードマップとしてみることができる。ヨーロッパ連合（EU）加盟国および多くの加盟申請国については，読者は筆者の以前の著書のうち２冊にこのロードマップに従った叙述を見出すだろう。すなわち，D. ピーテルス著『ヨーロッパ連合加盟国の社会保障システム』Intersentia, Antwerp/Oxford/New York, 2002, xx+329pp. および D. ピーテルス著『ヨーロッパ連合の加盟申請国の社会保障システム』Intersentia, Antwerp/Oxford/New York, 2003, xvii+230pp. がそれである。

序　文

　はじめから我々が指摘しておかなければならないことは，本書は多くの非常に重要な争点を素通りしていることである。たとえば，社会保障の歴史は全く触れられていない。社会保障の経済的または社会学的な分析も含まれていない。さらに，社会保障の資金調達という全体的な，ときにはかなり問題を孕む争点については，きわめて簡潔にかつ一般的に述べられているだけである。たとえば，保険数理の側面は考慮に入れられていない。

　このような書物を書くためには，誰でも事柄を論議し，他人と協議する必要がある。それゆえ，もしわれわれが多くの同僚と学生の支援に頼ることができなかったならば，本書を書くことに成功しなかっただろう。まず，ルーヴァン・カトリック大学社会法研究所ヨーロッパ社会保障調査部の私の同僚と職員一同に感謝したい。本書の初版本はオランダおよびリトアニアの社会保護省の援助をうけて初めて実現され得たのであった。これらの方々への感謝の気持ちは今でも変わらない。その後，社会保障エラスムス・プログラムおよびルーヴァン・カトリック大学大学院修士課程「ヨーロッパ社会保障」クラスに所属するわが同僚と学生たちによるコメントも本書新版の改善に貢献している。最後に，本書のすべての読者が本入門書の内容について感想および示唆を danny.pieters@law.kuleuven.be まで送ってくださるようお願いしたい。送って下さる読者にあらかじめ感謝申し上げる！

　社会保障の全般的な入門書の執筆を試みることはかなり危険を伴う企てである。一国に関連してであっても，社会保障の入門を提供するにはしばしば数百頁を必要とする。だから，社会保障システムを構築する様々な選択肢の概観を150頁以下に圧縮することは，まったく危険と思われるかもしれない。それにもかかわらず，我々がこのことに挑戦したのは，社会保障を教えるための教材の溝を埋め，社会的保護政策に関わるすべての人々が，彼ら自身の社会保障システムを再考し，そして（または）改革する可能性を探るのに有益な概観を提供することになると確信したからである。

　本書はヨーロッパの社会保障に適用される諸原則と技術についての基礎知識を提供するに過ぎないとしても，それはヨーロッパの社会保障と社会保障法な

らびに比較社会保障と比較社会保障法という長くて曲がりくねった道へ第一歩を踏み出すことを可能にするものとして価値があると我々は信ずる。良い旅を祈りたい！

　　　　　　　　　　　　　教授・博士　ダニー・ピーテルス，2005/6年，冬

第1章
社会保障の概念

概念の多様性

　社会保障の概念は，世界中で，時にはきわめて多様に解釈されている。論者はそれぞれ，ともかくも自分自身の定義を持っているのである。いくつかの国では，法律で社会保障の概念が定義されている。そうでなくても，国内法に関し，どの法制が社会保障法の領域に属するかは，少なくとも示されている。これは，社会保障に関連するすべての法律を単一の法典または法律書にまとめようとしている国によくあるケースである。しかし，多くの国には社会保障についてのそうした法的な記述が無い。その場合は，社会保障（法）の理論が自ら，その関心を向ける対象を決定しなければならないことになる。さらに，特定の国では社会保障の観念さえ完全に欠如していることもある。その場合，社会保険，社会扶助やそれらの類似の概念には，「社会保障」という包括概念の下に人々がそれらをまとめることを可能にするような，十分な統合力がないのである。

　この点に関して，国際法が解決を与えてくれると人は期待するかもしれない。しかし国際法でも社会保障の定義は，同様に欠けている。国際的な，あるいは超国家的な法的文書はすべて，その文書自体の実質的な適用範囲を規定しているだけである。すなわち，望ましい制度の内容を規定することによってか，もしくは意図した法制（の名称）を列挙することによってか，またはその両方法を結びつけることによって規定しているだけである。だから，「社会保

障」それ自体の内容に基づいた定義が見出されるのは，わずかに例外的な場合に限られる。

　社会保障の最低基準に関する ILO102号条約の実質的な適用範囲の規定は，きわめて広範な影響を与えてきた。にもかかわらず，それも社会保障の内容を規定するものではなく，むしろ条約が意図した制度の内容を規定している。そうした（ILO102号条約のような——訳注）規定は，多くの（すでに）確定された社会的リスクから出発するがゆえに，将来生ずるかもしれない新たな社会問題に対して新しく対応するという社会保障内の発展にとって十分な余地がないのである。この点に関して，我々は自分の面倒をみることができない人々のケアのニーズを想起することができる。長い間存在してきた社会的な保障のない一定の状態は，国の法制の進展にしたがって「社会的リスク」として宣言されるようになるが，そうした（確定された社会的リスクから出発する——訳注）規定は，こうした国の法制の進展を社会保障に編入することを認めようとしないのである。我々は，この点について，学生または借家人に経済的補助を行う制度を社会保障に統合すべき一部分と判断している多くの国を例として挙げることができる。

　社会保障の概念を，一定の人々に与えられる金銭給付と，サービスを含む現物給付との集合として定義することを試みている論者もいる。

　社会保障に対する広く行きわたった考え方は，ILO の報告書『21世紀に向けて；社会保障の発展』に見出される。本報告書は社会保障を，保障を行う仕組みの集合体としてよりむしろ，最も広い意味で，保障に対する強い要望への応答として考えている。他の論者たちもまた「保障」を提供するというこの目的に着目している。彼らは，産業社会の勃興と発展に関連したリスク（から生ずる不安定状態）に対して，ないしは要するに「社会的リスク」に対して，保護を与えるものとして，この法制を考える。当然のことながら，この場合どのような種類の保護が提供されるべきか，そしてどのようなリスクが「社会的」リスクと考えられるか，が問われることになるだろう。

　シンフィールド（Sinfield）およびバーグマン（Berghman）のような論者によ

るもっと最近の社会保障の定義は，仕組み・手段には着目しない点で上記と同じような考え方に従うものである。シンフィールドは，健康の定義と同様に，社会保障を一定の状態として，すなわち生活資源の喪失（the loss of resources）に対して，完全に保護された状態として定義する。そしてバーグマンは社会保障を人的な損害（human damage）に対して完全に保護された状態として考える。

　「社会保障」の概念のこうした多様性は，一般的には，あまり否定的な結果をもたらしているわけではない。それでも，社会保障のシステムを比較するとき，比較にならないものを比較しないように，人は留意すべきである。それに人はゾウについての教訓をしばしば思い浮かべる。つまり，人がゾウに遭遇したとき，ゾウを描写することはできないかもしれないが，しかし自分が人間である（自分はゾウではない——訳注）ことを認識することは確かであろう！

実用的な定義——本書の作業仮説

　しかしながら，我々は本書を開始するにあたって，社会保障の実用的な定義を定式化しておく義務を感じる。

　以下の本文において社会保障とは，本書の目的を考慮して，稼得（すなわち有償労働からの収入）の喪失（の恐れ）あるいは特別の出費に直面する人々と共に連帯をかたちづくる制度の総体として捉えられる。しかし，我々が主としてかかわるのは，「社会的リスク」として（通常）認知されたリスクの発生にたいして金銭給付を支給する制度である。社会的リスクがどのようにして確定されるかは，第5章でより詳細に論じられる。ここでは，社会的リスクとして通常認知される要素は次のとおりであるというにとどめる。すなわち，老齢，労働不能または失業により働かない（あるいはもはや働く必要がない）人々に生ずる有償労働からの所得の喪失，収入をもたらす配偶者の死亡，児童養育にかかわる特別の出費，保健医療（にかかる費用の補塡）の必要，および人たるに値する生活に必要な手段の欠如である。一定の社会的リスクを取り扱い，規則と管理運営において一定の統一性を保つ制度は，しばしば社会保障の「部門」ない

し社会保障「制度」と呼ばれることを，ここで指摘しておかなければならない。

　前述の社会的リスク（の費用）に対処する役割をもつすべての社会的給付とサービスを本書で取り上げることは，この種の入門書の守備範囲をはるかに超えるから，我々は認知された社会的リスクに対して支給される金銭給付に主に焦点をあてることとする。そのほかにもいくつか言及しておく必要がある。

　第1の留意点は，健康保障のニーズをどのように社会的にカバーするかということに関係する。つまり，かなりの国々では社会保険が保健医療の費用をカバーしているのに対して，それ以外の国々では社会保障システムが直接，医療サービスを提供している。この両方の方法を分けて取り上げることは，きわめて煩瑣になり，本書の目的には明らかに役立たないだろう。

アクティヴェーション，租税支出との関係

　第2の留意点は，社会的リスク（の恐れ）に直面している人々のために行われる非金銭的な活動の重要性に関することである。我々がもう一度強調したいことは，我々はまず第1に社会的リスクの発生を予防することに努めるべきであり，その次に原状に回復することを考えるべきであり，そして最後に初めて，加えられた損害に対する金銭的補償に頼るべきであるということである。このアプローチは，もとは人的な損害（労働不能）に対して開発されてきたのであるが，それは他のリスクについても適切な方法である。この点について我々は，人々が失業するのを予防する必要性について，ならびに職業紹介や職業訓練を通して失業者を労働に復帰させるために払われる努力について考えることができる。こうした側面は，失業者に金銭給付を支給する保険制度と関係づけて，ますます強調されている。人々が働き続けられるようにすること，そして彼らに（いわゆる受動的な）金銭給付を支給するよりも，むしろ彼らを可能な限り早く労働に復帰させることを強調することは，近年きわめて重要となってきている。それはしばしば給付制度の「アクティヴェーション（activation）」と呼ばれている。

第1章　社会保障の概念

　我々が社会保障概念をきわめて限定的に——すなわち金銭による給付を支給する制度の総体として——解するという事実は，より広い社会保障概念の利点を損なわせるものではない。より広い社会保障の概念は，社会保障をすべての人的損害に対する完全な保護の状態として認識するバーグマンのような論者によって主張されている。そのような見方にあっては，社会保障は，労働その他の場所における安全性，雇用促進政策と職業紹介，教育と訓練，保健に関するすべての予防手段，児童・病人・高齢者および最底辺の生活を送る人々を収容または保護するセンターのようなあらゆる種類の集団的サービス，そして第三者責任に関するあるいは離婚や死亡の場合の財産の帰結に関する民事法上の制度までも関係することになる。上記のすべての要素を我々の研究に包含することは不可能である。我々は不本意ながらこの研究を主に金銭給付に限定することとしたのである。しかし，給付システムは（健康に対する）回復と予防を促進したり抑制したりすることがあるから，この研究もこのような回復と予防を含むこととしている。それゆえ，これらの側面は間違いなく本書で取り扱われる。

　最後に第3の留意点は，税制度を通じた隠れた金銭給付（しばしば「租税支出（tax expenditures）」と呼ばれる）に関連する。本書の範囲はあまりにも限定されているので，税制度が社会的リスクに直面する人々の保護に貢献する多様な方法をここで取り扱うことができないことは意外ではなかろう。しかし，社会保障と税制度の関係は非常に緊密であり得る。この点について，我々は児童養育の出費に対する軽減策を想起することができる。いくつかの国には，精巧な家族手当の制度が——時には資力調査付きで——存在するのに対し，他の国ではだいたい同様の目的が所得税の免除や控除によって実現されている。社会保障と税あるいは民事法などとの交錯のいくつかについては第18章で，もっと詳細に検討されるであろう。

民間保険，私的な扶助との関係
　前述のとおり，社会保障とは有償労働からの所得の喪失（の恐れ）に直面す

る，あるいは特別の出費に直面する人々と共に連帯をかたちづくる制度の総体として考え得るというのが本書の作業仮説である。しかし遅かれ早かれ，必ずしも社会保障に属するとは解され得ない様々な連帯の手法が発展してきた。家族と親族，貯蓄（の奨励），民事責任に関する法規および扶養，これらはすべて社会的リスクが生じた場合に連帯の要請に応えてきた諸要素である。これらの手法は今なお存在する，そして，その役割は時には再び増しているようにみえるけれども，しかしこれらは一般的に社会保障の一部とは見なされない。ただし，社会保障システムはこれらを考慮に入れる。本書はこれらが社会保障制度によって参照される場合に限って，当該の手法を比較的詳しく取り扱うにとどめる。もっと困難な問題は個人的な民間保険あるいは純粋な慈善という「連帯」の手法を社会保障概念の議論に含めるべきか否か，そしてもし含めるべきだとすればどの程度においてか，ということである。一定の社会的リスクを取り扱う民間の人的な保険に関しては，その連帯の要素は我々の視点では極めて弱いと思われる。これらの契約には偶然性の要素があまりにも明瞭に見られるから，「社会保障」という標題の下にそうした保険を入れることはできない。他方，単なる慈善と純粋な寛容は連帯の事例であるようにみえる。しかし，これらの私的な扶助の形態は公法上の制度に位置づけられた場合にのみ，社会保障の概念に含ませることができるという見方を我々は採る。私的な扶助が政府の奨励または干渉の圏外で，かつ社会がその構成員間に連帯をかたちづくる諸方法の中に特定の位置を与えられることなく運営される限り，この私的な慈善が社会保障に属することはない。ともかく，公法に属する規則が完全に欠如している下で，扶助がそれ以上の「保障」を提供するということは，まず期待され得ないということに注意しなければならない。

2つの手法——社会保険と社会扶助

現在，社会保障が利用しているもっともよく知られた手法は，社会扶助と社会保険であることに疑いはない。

社会保険の場合，連帯のネットワークのなかの構成員が社会的リスクを被っ

たとき，彼または彼女が社会的給付を受けることができるように，保険料は連帯制度の構成員たちによって，および（または）それらの構成員のために，任意にまたは（ほとんどの場合）強制的に拠出される。これらの制度はしばしば政府による補助も受ける。社会保険制度は通常，特別の社会保障拠出に基づいて運営されているが，しかし税を通じて制度の資金調達を行うことは，この制度の社会保険としての性格を必ずしも奪うことにはならない。社会保険制度について定める法は公法に属する。社会保険制度への加入は概して強制的である。しかし，社会保険と呼ばれるためには，公法に属するということあるいは強制加入のリスク保険であるということだけでは十分でない。この点で，自動車のための強制第三者保険がよい例である。他方では，一定のグループに社会保険制度への加入の可能性を開くという非強制的な制度であるにもかかわらず，間違いなく社会保険に区分されるという制度が存在する。そうした制度の内容は次のいずれかである。すなわち，他のグループ（上記の任意加入グループではない——訳注）向けに定められた強制保険制度に相当する内容であるか，または上記のグループ（任意加入グループ——訳注）自体に向けて定められた強制社会保険と組み合わせの上乗せの内容であるか，のいずれかである。最初の範疇に属するものとしては，稼得収入があまりにも高いかあまりにも低いために，もしくは外国で雇用されているために，強制社会保険の人的適用範囲に属さないという人々に（任意加入の道を——訳注）開く社会保険制度を挙げることができる。第2の範疇すなわち補足的な社会保険に属するものとしては，疾病または退職の場合に，強制社会保険の給付の上乗せを意図した多数の制度を挙げることができる。非強制的制度と強制社会保険の間の関係が弱まる限りで，そして典型的な社会保険の連帯の仕組みが徐々に弱められる限りで，一方では公法による規制が（たとえば，任意に被保険者となる意思を有しかつそういう者として資格を得ようとする者を誰でも，任意の制度に受け入れなければならない義務は存在しないがゆえに）縮小され，その限りにおいて，社会保険としての特質は，非強制的な制度の社会保障としての特質と同様に，侵食されていくであろう。

多くの社会保険は共済保険に源をもつ。しかし公法上，どの特別の法制の規

制も受けないで運営されている単なる共済保険制度は，今日，社会保障に属すると考えられるであろうか？　純粋に任意の共済保険に関してならば，その答えは，我々の考えでは，民間の保険会社によって契約される個人の保険の場合と区別する必要はない，ということである。しかし，たとえば労働協約の効力によって加入が強制とされている共済保険方式の場合は，それほど簡単ではない。

社会保険と社会扶助の融合

　社会扶助制度はニーズを有する人々に給付を支給する。扶助制度の財源は，(中央，地方あるいは地域の)政府の公費によって賄われる。この制度では要保障者は社会的給付の受給決定の前提として資力調査(ミーンズテスト)を受けることが条件とされる。

　社会保険と社会扶助の差異はかつて明確であった。すなわち，社会的リスクが生じた場合，社会保険の被保険者はいかなる資力調査も適用されずに給付を受ける主観的権利(受給資格)を取得した。被保険者は，現実に困窮状態にあるか否かという事実にかかわりなく受給資格を得たのである。反対に社会扶助を申請する者は誰でも，扶助受給の適格性について関係行政庁によって判定がなされることを考えておかなければならなかった。その判定にあたって，最低生活のために活用できる資力は，常に斟酌されたのである。換言すれば，だれでも社会保険給付に対しては(「主観的subjective」)権利を，社会扶助に対しては「反射的reflexive」権利を有した。しかしながら社会保険と社会扶助の間のこの境界線はここ数十年あまり明瞭でなくなってきている。つまり今日では社会扶助にも主観的権利が認められ，その一方社会保険給付は資力調査を経てはじめて支給されることがますます増えてきている。ある意味で，社会保険と社会扶助のこの部分的な融合は社会保障自体の概念の整理統合を証明するものである。社会扶助または社会保険の性質を示すはっきり確定できない給付はときどき「混合給付(mixed benefits)」と名付けられる。しかし近年，いくつかの国は拠出制の社会保険と無拠出制の社会扶助の境界線をもう一度明確に引くことを試みている。どちらの傾向が将来主流となるかは，あとになってみな

第1章　社会保障の概念

いと分からない。

戦争犠牲者補償等の性格

　社会保険と社会扶助の次に，特別な（第3の）範疇の社会保障給付が，いくつかの国の社会保障制度で区分されている。この点で我々が触れなくてはならないのは，社会補償制度（social compensation schemes, soziale Entschädigung）である。これらの制度の共通の特徴は，戦争犠牲者あるいはまた（以前の）政府による基本的人権の侵害の犠牲者といった，特別の負担あるいは損害にさらされた人々に対して連帯の表明として，障害・老齢および遺族年金を支給する制度を政府／社会が用いているということである。我々はまた強制的なワクチン接種の犠牲者にも言及することができる。社会補償制度が社会保険制度と異なるのは，前者は加入者の一人が社会的リスクの犠牲者となる場合にそなえて加入者の間に組織される連帯とあまり類似しておらず，むしろ国が合法的にまたは違法に，いずれにせよ不釣り合いに損害を負わせた人々に対する社会の感謝または社会の罪責感を表明するものであるという点である。これらの制度の財源は国によって負担されているが，それらの給付は多くの場合資力調査を前提条件としない。こうした制度はほとんどの国に存在するけれども，ほとんどの場合，それらが社会保障の一部と見なされていないのはかなり目立つことである。このことはおそらく，それらが国によって引き起こされた損害に対して補償するという考え方に非常に強く導かれているため，稼得の喪失（の恐れ）に直面するあるいは特別の出費に直面する人々の連帯を表明するという性格をそれらは失っているということ，あるいは表現を変えれば，それらはもはや社会保障の概念と整合しないという事実と関係している。

新しい連帯のかたち——デモグラント，ベイシック・インカム

　社会保険に対する社会扶助という社会保障原理の二分論は，文献上，時には「第3のもの」すなわちデモグラント（demogrant）（日本ではしばしば社会手当と称されるものに相当する——訳注）を加えて拡大されている。後者は，社会扶助

と同様に政府の公費によってその財源が賄われる一方で、それは一定のニーズとではなく、社会保険と同様に一定の認知された社会的リスクと結びついている。多くの国で、児童手当がデモグラントの典型となっている。（厳密な意味の）老齢年金も時にはデモグラントと見なされることがある。しかし、「デモグラント」の概念は一般にはまだ承認されていないし、これまでのところ何らの法的な効果ももたらしてはいない。それゆえ、ここでは主に上記の二分論を取り扱うこととする。

　有償労働からの所得の喪失（その恐れ）に直面する、または特別な出費に直面する人々と連帯をかたちづくるのは、現金給付の支給である。換言すれば、連帯は、社会保険ならびに一般に認知された「社会的リスク」と結びついた社会扶助制度によって主として表わされる。ここ2、3年の間に、連帯の要求に対する新しい対応が文献上登場しているが、まだ実現はしていない。すなわちベーシック・インカム（basic income）である。定期的な金銭による手当がすべての住民ないし市民に対し、原則として労働の意思もしくは生活困窮についての条件を伴うことなく、政府により支給決定されるという制度がそこには含まれている。そうしたベーシック・インカムは社会保障によって支給されるすべての金銭給付を余分のものとすることになろう。そのうえで税制度が、支給された「過剰分」（たとえば十分な賃金を稼得している人の場合、支給された金銭給付の全額）を取り戻すことになろう。

　社会保障給付は、単に社会保険または社会扶助のどちらかに属する給付に分類できるだけでなく、給付の内容に応じても分類できる。前述したように本書では論じないこととしている現物給付と、金銭給付ないし償還払いとに区分することができる。また、受給者に代替的な収入を支給する所得代替給付と、受給者の特別の出費を軽減することを意図した所得補足給付ないし費用保障給付とに区分することも可能である。

ビスマルク型とベヴァリッジ型から

　本章の終わりにあたって、我々は、社会保険を設計する二大潮流にその名を

第1章　社会保障の概念

残す2人の歴史的人物に言及したい。19世紀のドイツの宰相，オットー・フォン・ビスマルクと，イギリスの政治家であり著述家でもあるベヴァリッジ卿である。「ビスマルク」（あるいは大陸）的アプローチにおいては，社会保険は（一定の範疇の）労働者――とりわけ被用者――をカバーすることを意図している。被用者は，給付の額においてまた時には給付の期間においても，社会的リスクの発生前の被用者の所得または保険料に比例するとともに，被用者が働いて保険料を拠出していた期間に比例する給付を，享受する。この社会保険制度の財源は職業所得に基づいて被用者とその使用者によって拠出される保険料によって賄われる。この制度の管理運営は直接に関係するグループ，労働者の労働組合および使用者たちに委ねられる。「ベヴァリッジ」（あるいは大西洋）型の社会保険制度は，全国民をカバーすることを目的としている。給付は均一に固定される一方，その財源は予算（税）を通じて調達される。政府が主として管理運営の責任を負う。

　この区別がどんなに重要であろうとも，社会保険の2つのタイプは「純粋な」形ではどこにも現存していないこと，そしてすべての国家的社会保障システムはビスマルクとベヴァリッジのどちらかの社会保障概念の完全な後継者と解釈できるという見方から出発することはほとんどできないということについて，今日では広く意見の一致が存在する。ほとんどの国の社会保険制度は両方の考え方の特徴を示している。伝統的にビスマルク型をとってきた社会保障制度は，たとえば保健医療と児童の養育に関する出費についてはたいてい普遍的な適用としている。一方で，ベヴァリッジ型の社会保険は，たとえば老齢年金の領域においては法定の所得比例社会保険制度によってしばしば補足されてきた。さらに，ベヴァリッジ類似のアプローチが北欧諸国において独自に発展してきており，そこでは社会保障の「北欧」型あるいは「スカンディナビア」型ということが躊躇なく語られることに言及すべきである。かつての共産主義諸国においては，ビスマルクとベヴァリッジのアプローチの区別は不明瞭になっていたということを見ることもまた興味深い。

第2章
社会保障法の法源

　社会保障に関する憲法条項──4つのタイプ
　本章は，社会保障に体現される連帯がどのような法的形態と手段をとって形成されてきたかについて検討する。ここでは，社会保障がどのような立法に編入されてきたかを検討するだけではなく，政府の多様なレベルの間において，何らかの事務の配分が識別されるべきかどうかについても検討する。
　極めて多くの国々で，憲法は社会保障について言及していないけれども，社会保障に対する憲法の関与は，多様な形態を取ることができる。大雑把にいって，社会保障に関する憲法条項は4種類に分類され得る。すなわち，
　○国家を「社会国家（social state）」として宣言する極めて一般的な条項
　○社会保障，社会保険，あるいは社会扶助の存在を確認するだけの条項
　○基本的社会権を規定する条項
　○社会保障に関する権限を付与する条項
　同一の憲法が，これらの種類の憲法条項のいくつかを含むことができるということは言うまでもない。同一の条項が，時の経過の中でその種類を変えることも，あるいは，複数の種類を含意する多元的なものになることもあり得る。しかしまず，おのおのの種類についてその意味を明確にすることから始めよう。
　いくつかの憲法は，しばしばその冒頭に見出されるが，国家の基本的性格を規定した条項をもっている。これらの条項は，多くの国の場合，国家が（その

基本的性格の中でも，とりわけ）「社会」国家であることを明確に規定したものである。ただし学説は，これらの規定に対して異なった反応を示しており，ある国の学説と判例はそうした憲法上の「社会国家原理」に大きな重要性を付与しているのに対して，他の国では，文言的には同様に規定された条項なのに，ほとんど注目していないところもある。

　社会保障，社会保険，あるいは社会扶助の内容について何ら言及していないが，それらの存在を明示的に確認する憲法も存在する。この類の条項は，単に社会保障そのものに限らないで，一定の管理運営機関，財源調達の形態，その他にも当てはまる。これらの条項が意味するところは，つまり「制度的保証 (institutional guarantee)」を定めることに他ならない。そういうものとして，これらの条項は，完全に廃止されることはあり得ないし，またその本質的な部分が否定されることもあり得ない。この類の条項は，婚姻制度に対する憲法上の保護を果たす憲法条項に幾分か関与している。

基本的社会権を規定する憲法条項

　給付に対する基本的社会権を定める条項はさらに一歩踏み込んでいる。これらの条項は，社会的保護が請求できるものであることを受給者に約束するものである。しかし学説と判例は，しばしば基本的社会権に関連する条項を，（空虚な）憲法上の宣言に過ぎないとして，市民はそこから主観的な権利や受給資格をおそらく引き出すことのできないものとみなしている。しかしながら，必ずしもそうではない。とりわけ最低の限界に近い状況での給付，あるいはそのような状況に置かれた個人への給付について，法的な価値をすでに証明している条項が存在する。それは，一定の社会的最低基準（すなわち，医療扶助に対する権利，あるいは一般的な最低生活水準に対する権利）を保証する，あるいは憲法の下位の法制によるセーフティネットによって支えられた，基本的社会権の条項の場合にあてはまる。基本的な社会権を宣言する条項はしばしば制度的保証としても解釈される。

　憲法によっては，原則として法的に強制し得るものと意図していないが，一

定の指針を議会に提供する目的で，社会保障を取り上げているものもある。これらは立法者を「鼓舞」するにちがいない。学説や判例がこれらの条項を制度的保証あるいは基本的社会権さえも含むものと解釈している場合を除けば，社会保障に対するこのような条項の影響は，全く同じように，極めて限定されてきた。

　時として，制度的保証あるいは基本的社会権を規定する憲法の条項は，現行の社会保障法を改変して既得権あるいは取得の過程にある権利の保障から逸脱することが許されるか否か，という可能性との関係において，重要であることもまた明らかとなっている。

　社会保障に関して権限を付与する憲法条項

　社会保障に関して権限を付与する憲法条項は完全に異なる性質を持っている。実はこれらの条項は，中央・連邦の立法機関と州・地方レベルの立法機関との間の社会保障問題に関する権限の帰属を規定する条項と，立法権，行政権および自治組織（autonomous institutions）の間の権限の帰属を扱う条項とに，さらに分割される。

　連邦制国家の場合は，連邦のレベルであれ，または連邦を構成する国家のレベルであれ，どのレベルで社会保障の立法と管理運営が行われるかを定めることは，もちろん必要である。連邦憲法はこの点について，明示的にもしくは黙示的に，定めなければならない。このような権限の帰属に関する課題については，さらに本書第3章で論じられる。

　一国の憲法はまた，明示的もしくは黙示的に，社会保障に関する全ての立法が議会に委ねられるべきかどうか，あるいは，ある立法の権限は行政権もしくは自治組織に委ねられるべきかを規定しなければならない。

　全ての国は，社会保障制度の形成における主要な役割を立法権に与えている。国によっては，社会保障に関する一定範囲の法規を，憲法において明確に制定法に限定している。このことによって，立法権のみがこの分野の規制権限を持つということ，そしていかなる委任も不可能であるということになる。も

しそのとおりになれば，新しい社会保障の制定法を毎年議会で通過させる必要に直面することとなるだろう。他の国々では，社会保障の原則は議会の独占的な権限の下に帰せられ，通常の社会保障の規制は政府の独占的な権限の下に存するというように，憲法は両者を区別している。

行政権による規則制定

多くの国の憲法は，（しばしば単に黙示的に）社会保障制度が議会の法律に基づくことを要求しているが，詳細な詰めは行政権によって行われ得ることを認めている。このため，社会保障法は一般的な法または「残りかす（rump）」の法にすぎないことがしばしばであり，かなり多くの点で，元首，政府，あるいは権限をもつ自治団体（a competent autonomous body）による細目の具体化を必要としている。

行政権，元首，政府，各省の大臣等々から発せられる社会保障の規則は，多くの説明を要しないが，全ての市民の日々の生活にかなりの程度影響を与える主観的権利（subjective rights）と義務を特定するという，広範な権限は，議会民主主義の基本原則および社会権を含む基本的権利の尊重と必ずしも完全に一致するわけではないということを指摘しておくことはおそらく必要である。その一方で，元首，政府，各省の大臣は，政治的に責任をもち選挙民に対して定期的に説明する義務を負わされている限りで，一般的にいえば，民主主義的正当性は，十分に保証されていると考えられ得ることに留意しなければならない。

自治的な運営組織による規則制定

規制的な権限が自治的な機関（autonomous agencies）に与えられることを正当化することは，すこしばかり困難かもしれない。そうした権限が，社会保障の管理運営に当たる理事会あるいは運営組織に与えられていることは，多くの国の社会保障制度において実際に見ることができる。たとえば，これらの組織に，強制的な社会保障の保険料率を決定する権限が与えられていることは，極

めてしばしば見られることである。また時には，これらの組織は支給すべき給付に関して立法的な権限（legislative competence）も与えられている。もしこれらの理事会や運営組織が自由な選挙によって選出されるのであれば，そしてもし彼らが一定の時期に全ての関係当事者に説明をすることとされているのであれば，民主主義の原則は尊重されていると思われる。社会保険の被保険者集団（コミュニティ）の大部分が，（その国籍ゆえに）（国政の――訳注）選挙権を持たない個人によって構成されるという，例外的な場合が存在する。このような場合には，（理事選挙により――訳注）選出された自治的な組織に立法的な権限を付与することは，民主主義の視点からも望ましいだろう。しかし，自治的な規制的権限（autonomous regulative competence）を委任された理事会や運営組織は，選挙によって選出されていないことが非常に多い。選挙ではなくて，例えば，当該の社会保障制度の財源を負担している団体の代表によって構成されている。それらは，しばしば，使用者団体およびその被用者の労働組合である。社会保障の運営組織の民主的性質については，以下の章において，より詳細に検討することとする。ここでは，自治的な規制権限を持つ理事会や運営組織の民主主義的正当性は極めて疑わしいのであるから，彼らの自治は，完全に政治的責任を担える機関による，より高い立法的な権限によって常に規制されなければならない，と述べるにとどめたい。さらに，民主主義的正当性の認められる自治的組織の規則についても，政治的な責任を負う機関による法規に従属させることが得策であることも分かるであろう。公益を適正に保護するためには，単に社会保障だけでなく，もっと広く監視すべきであるということである。

法源としての集団的な協定

　集団的な労働協約（collective employment agreement）とその自営業者版といえる自営業者職種別集団による協定は，特別の自治的な規則（autonomous regulation）を形成する。以下では，両者を集団的な協定（collective arrangements）という。これらの集団的な協定は，実際に非常にしばしば社会保障に関する合意条項を含む。これらの合意は一定の（しばしば上乗せの補足的な）制度を自主

的に設けることだけではなく，時には法定の社会保障制度のなかの一定の方式（modality）を制定することを含むことも可能である。後者の可能性に関する限りでは，我々は自治的な規制組織（autonomous regulative body）について述べてきたことをもっぱら繰り返さなければならない。集団的な協定が完全に自治的な制度（completely autonomous schemes）の創設を含むという可能性について言えば，そうした社会保障制度を構築することは，社会的パートナーの契約の自由，すなわち，組織された職業集団の自治に属する。これらの制度の拘束力が，その職業上の組織に任意に加入していない人々にまで拡大されることを正当とする法的基礎は何かが問われることになるのは，明らかである。しかしこの問題は本書の範囲をはるかに超えている。

法源としての判例，擬似法令

　他の法領域と同様に，社会保障の解釈においても，判例法は重要な役割を担う。コモン・ローの国でさえも，社会保障が制定法ではなく判例法に明確に支配されている国は一国もないが，社会保障に対して裁判所の影響が極めて重要であることは，いくつかの国において証明されている。さらに，管理運営上の実務も，判例と共に社会保障の解釈において重要な役割を演ずる。立法府があまり立ち入らないと決定している領域では，明らかに解釈の必要性がより大きくなる。時折，立法府は，社会保障の法規を最善の可能な方法で現実に適合させるために，解釈を必要とする極めて一般的な規定を故意に導入していることさえある。裁判官が創る社会保障法の特徴について，比較研究を行うことは，まさにその緒についたばかりである。

　社会保障制度はまた社会保障の管理運営機関に，一定の査定の自由（freedom of assessment），つまり一定の裁量権限（discretionary power）を付与している。例えば，扶助を受ける権利の具体化の場合に，あるいは社会保障の取決めの履行強制（enforcement）の場合にこれは妥当する。しかし，社会保障に関する裁量権限を，なんら制御のない権限行使と同等とすることはできない。これに関連して，多くの国では擬似法令（pseudo-legislation）の概念が発展してき

た。すなわち，管理運営機関は，裁量権限の行使にあたり一定の指針に従ってこれを行使するときは，その特定の指針から逸脱する正当な理由を有する場合にのみ，そこから逸脱することができる。このことは，市民が一定の裁量権限の行使を求める主観的権利を与えられていない場合でも，なお裁判所は平等原則に違反していないかどうか，また，一般的な行為準則すなわち擬似法令からの恣意的な逸脱がないかどうかを審査するということを意味する。

連邦制の場合の法源の特色

連合国家（aggregate states）の場合，社会保障の法源に関して，一つの特色がみられる。そのうち，連邦制の憲法は，連邦（federation）と構成国（constituent states）の間の権限の分配を制定する。構成国は，排他的な権限であれそうでない権限であれ，それぞれの固有の権限を与えられる。しかし，この場合はまた連邦と構成国の間の，あるいは構成国相互の間の協力（co-operation）の手続きを伴うこともある。社会保障に関する限りでは，憲法は社会保障全体をいずれか一つのレベルに一元化することができる。しかしほとんどの場合，憲法は権限を連邦と構成国の両方に分散している。このことに関連して，憲法の条項は，社会保障の様々な給付部門を，すなわち明確な社会保険と社会扶助制度，その他の間を区別することがある。それに加えて，法令の制定，施行，司法上の履行強制，司法上の保護のような権限は，必ずしも同一のレベルに置かれる必要はない。社会保障の資金調達についても同様のことが言える。すなわち連邦憲法はしばしば連邦と構成国の双方の権限と責任を規定している。

憲法が社会保障についての権限を構成国に付与している場合，構成国は，彼らの自由意思で，彼らに付与された権限を（全てあるいは部分的に）共同で執行することを，時には決定することもできる。あるいは彼らは，協力と協議（co-operation and consultation）といった幾分緩やかな形態で，相互に関係をもちながら権限を執行することもできる。

連邦の構成国の社会保障制度は，他のすべての国家の社会保障制度と同様のやり方で運営される。したがって，その運営は同様に，機能的な分権化と地域

的な分権化 (functional and territorial decentralization) あるいは権限の「分散化 (deconcentration)」といったことを伴うものとなる。

法源としての国際的および超国家的な法律文書
　記述の完璧を期すために，我々は，超国家的な法律文書 (supranational instruments of law) と国際法上の協定が，社会保障の内容を決定するにあたってますます重要になっていることを付け加えなければならない。国際的および超国家的な法的規定が国内法に編入されているときには，そして，そのような関係でそれらの法規が直接的に適用可能とされる限りは，このことは特に重要である。国際的および超国家的な法令の内容は第19章で詳細に論述される。

第3章
社会保障の管理運営

管理運営の階層的な組織

　社会保障の法規を制定することと，それを実施し運営することは別のことである。社会保障のために必要な財源を集め，そして受給権者に給付するために，社会保障の管理運営（social security administration）が必要となる。後者は，管理運営組織（administrative body）に委任されるか，またはより正確にいえば，各々が社会保障制度の管理運営における特定の業務を担当する複数の，または一連の管理運営組織に委任される。通常は，少なくとも，分立した社会保障制度に応じて，すなわち，別々の国民集団に対して適用される分立した社会保障制度に対応して，多くの管理運営組織が存在する。これゆえ，職域別に組織された制度は，少なくとも，民間被用者，公務員，自営業者の制度に分かれ，別々の組織が存在することになる。分立した社会保障制度の管理運営のための組織に加えて，さらに，保険料の徴収と給付の支払いという両目的のために，他の管理運営組織が活用され得る。いくつかの国では，社会保障のデータ管理のための独自の管理運営組織を見出すことができる。最後に，社会保障基金の投資を委託される，あるいは社会保障の適正な管理運営に対する監督を委託される別の組織が存在し得る。

　管理運営の階層的な組織は，通常は政治的責任を持つ大臣によって率いられている。それは社会保障，福祉あるいは社会問題担当の大臣である。しかし，管理運営に関する最高責任は，きわめてしばしば複数の閣僚に広げられてい

る。つまり,社会問題担当の大臣に加えて,保健医療制度を担当する公衆衛生大臣,あるいは失業に対する社会的保護を担当する雇用大臣がそれである。例外的に,特定の活動領域について権限を有する担当大臣が,その領域で働く人々の社会的保護についても権限を有する場合がある。具体的には,鉄道事業の職員の社会保障の権限は運輸大臣であり,警察官の社会保障の権限は内務大臣であるというように。このことは多くの大臣が社会保障に一定の権限をもつ結果となり,そして時には特別の社会保障関係閣僚会議を政府内に設けることが必要となる。ある国々では,「社会保障」さらには「社会」という用語さえ,担当大臣の名称としては禁止されており,このような場合には,たとえば「労働・年金大臣」というような名称が用いられる。

　しばしば,社会保障担当の大臣は,一人あるいはそれ以上の事務次官(state secretary)によって補佐される。

　社会保障の管理運営における権限を行使するため,大臣は専門家の公務員をスタッフとする大臣部局に頼ることができる。社会保障分野の大臣の権限は,通常,公共の利益(common interest)を守ることに加えて,政策の起案や監督などを包含する。大臣はまた数多くの立法的権限も付与され得る。

　いくつかの国では,保険料の徴収と社会保障給付の支給を扱うのは,本来の省庁の業務である。しかし,これらの業務は一般的には中央のレベルでは行われていない。少なくとも,本省は,国内に分散しあるいは分散していないこともあるその地方組織を利用する(外部的および内部的「分散化(deconcentration)」)。しかし,それは絶えず「分散化」以上のことへと向かう。つまり,管理運営は機能的にあるいは地域的に分権化された管理運営組織へと分権化されてゆく。われわれはまず機能的分権化(functional decentralization)に,次いで地域的分権化(territorial decentralization)に焦点をあてよう。両方の形態はしばしば組み合わされること,そして機能的にあるいは地域的に分権化された管理運営組織は,また,権限の「分散化」をも含むということに,まず初めに留意しておかなければならない。

社会保障管理運営の機能的な分権化

機能的な分権化は，権限が専門的な，あるいは非専門的な公的組織（public body），準公的組織（semi-public body），および営利あるいは非営利の民間組織へと移転されつつあることを意味する。

法人格をもつ公的な組織が，社会保障管理運営の一定部分を担当するためにしばしば設立される。ここで念頭に浮かぶのは，社会保障財源の徴収あるいは管理を担当する様々な基金あるいは機構，被保険者の管理の責任を持つ機構，あるいはさらに社会保障制度の一定部門の受給権と給付の裁定を担当する機構などである。

公法上のこれらの管理運営組織は，いわゆる準公的な管理運営組織（semi-public administrative body）と区別されねばならない。後者の準公的組織も（公法上の）法人格および自治権（autonomy）を持っている。それらも社会保障管理運営の一定部分について委託を受けることができる。しかし，準公的組織の運営委員会（board）は，政治的な正当性を備えた当局（political authority）を代表する者によって，もっぱらもしくは主として，構成されるのではなく，あらゆる関係者集団によって構成されているという点で，準公的組織は純粋には公法上の組織ではない。これらの委員会は，たとえば，準公的組織を共同で管理運営する労働組合と使用者団体によって，対等平等に構成されていることが非常に多い。委員の構成は厳密に平等であるか，あるいは一方の集団に過半数を与えている。概して，それは被用者の集団に対してである。上記の当局も，それを代表する運営委員を任命することによって，管理運営責任に参加することが非常に多い。時としてこのことは，社会保障制度の特定の部門に直接に関与する一定の利益集団にも同様に当てはまる。患者組織，障害者団体，医療を提供するすべての人々を代表する労働組合あるいは法人は，準公的な管理運営機関の運営委員会に，議決権の有無はともかくとして，多くの委員を任命するよう求められる。このような準公的な機関の運営委員会はまた，部分的あるいは完全に，社会保険の被保険者によって直接選出された人々によって構成されることがある。このような場合には，社会保障のための選挙が組織されなければ

ならない。しかし，原理的に完全に民主的なこの制度が成功している国はほとんどない。

政府は，社会保障制度の管理運営を（全面的にもしくは部分的に）非営利もしくは営利の民間組織に委託することもまた可能である。社会保障制度（の一定部分）を民間組織に管理運営させることは，社会保障制度から法定の制度としての性格を剥奪するものではない。逆に，これらの構造的に私的な団体は，社会保障制度を管理運営する限りにおいて，機能的には公法上の組織にあたると多くの国で考えられている。

商業的でない，非営利の民間組織が管理運営の組織として求められることはしばしばである。これには，一定の社会保険あるいは社会扶助制度の創設時からすでに存在し，その後の社会保障の管理運営業務を引き受けてきた自発的な団体（association）が含まれることもある。いくつかの国では，保健医療の給付を扱う社会保障制度に関わる疾病金庫（sickness fund）あるいは相互扶助保険の団体について，このことがあてはまる。このような役割は労働組合（に密接な関係を持つ非営利の民間団体）にも与えられてきた。

商業的な，営利の民間組織も，時には，社会保障制度の管理運営に関与するように求められるだろう。このことに関して最も強く要請されているのは保険会社である。民間保険会社へのこうした機能的な分権化は，見たところでは労働災害のリスクをカバーする制度で最もしばしば生じているようである。

これまで述べてきた機能的な分権化の全てのケースで，権限が付与され得るのは，この目的のために設立された専門的な組織か，あるいはこのために特別に設立されたわけではない非専門的な組織かのいずれかである。民間の営利組織に権限が委託される場合を除けば，前者の事例が一般的のようである。しかし他の非専門的な組織への委譲もまた存在する。例えば，社会扶助の管理運営はしばしば，地方自治体（municipality）のような非専門的な公的組織に委ねられる。後者はもちろん，地域的分権化の1つの例である。

使用者の役割を「社会保障の管理運営組織」の役割として考えることは，今までほとんどなされていないけれども，使用者に対する一定の権利と義務の割

り当ては，使用者を非専門的な組織とみなした分権化のもう一つの方法のように見える。しかし使用者は多くの社会保険制度上の重要な管理運営の任務を実際に遂行している。例えば，使用者は彼の被用者から社会保障拠出金を徴収し，使用者の拠出金と合算し，社会保障の管理運営組織に納付することをしばしば求められる。したがって使用者は，社会保障の徴収業務において重要な役割を果たす。しかし使用者は時として，分配業務にも参加することができる。彼らは，例えば，疾病時の短期的社会保障給付の支給に責任を持つことができる。これはかつての「社会主義」国家においては非常に頻繁になされていた。

社会保障管理運営の地域的な分権化

地域的な分権化は，社会保障の管理運営に関する一定の権限を，中央（および比較的に中央）の当局（authorities）が下位レベルの分割された機関（actors）に，委譲することを意味する。こうして，社会問題を扱う中央省庁は，地方あるいは市町村レベルの組織に一定の業務を委譲する。実際，地方の組織はしばしば，地方レベルで社会扶助制度を管理運営することを求められている。機能的な分権化の組織も，時には，その役割を単なる分散化（deconcentration）に限定しないで，地域的な分権化（decentralization）まで担うことを決定できる。地域的な分権化の形態の組織が機能的な分権化を進めることもまた可能であるということは言うまでもない。

地域的分権化および機能的分権化のすべての管理運営組織は，当然，その権限を委譲した当局の監督の下で仕事をする。これらの権限はしばしば精密さが求められるものである。資源の管理，全ての関係者の権利と義務の決定，給付の支払い，履行の強制，等々，これら全ては業務の一部である。地域的および機能的な分権化の両組織とも，主として関与することは，明瞭な管理運営という任務である。しかし，時として，例えば上級の当局への助言をすることに関する，あるいは管理運営上の規則に関する，彼ら独自の権限を立法機関によって与えられていることもある。その上，ある場合には，彼らが管理運営している社会保障制度の財政的責任を委されることもある。換言すれば，彼らは，彼

らに委譲された業務の費用（あるいは利益）の一部につき負担する責任を持つのである。

地域的分権化と連邦制下の権限分配との相違
　最後に，分権化の概念それ自体は，もう少し明確化しても悪くないであろう。この明確化は，機能的な分権化にも当てはまるが，地域的な分権化の概念をもっとよく理解するために特に必要である。というのは，分権化された管理運営の構造は，連邦制の下での社会保障制度の管理運営とは異なるからである。連邦制の下で社会保障の権限が分配される場合，憲法自体に，連邦の組織と連邦を構成する国の組織の，各々の固有の権限が付与されている。各々のレベルは，憲法上のそれ自身の範囲内で，それ自身の主権を持っている。しかし，分権化の場合は，立法機関あるいは規則制定の権限を有する機関が，地域的または機能的に分権化された組織に一定の権限の行使を委譲しているにもかかわらず，憲法上は，（中央の）レベルの権限のみが明示的あるいは黙示的に認められるだけである。中央当局がその権限を取り戻すことを妨げるものは，原則として何もない。いずれにせよ，中央政府は，分権化された機関を監督し続けるだろう。一方，連邦制の構造の下で，憲法により連邦を構成する国に付与された権限は，連邦政府によってこれを取り戻すことはできない。したがって，連邦政府は，連邦を構成する国がその権限を行使する際に，その行為をチェックできない。分権化に関して，地域的と機能的の両次元が区別されているのに，何故我々がこれまで地域的な意味で連邦制のみに言及したかが，このように明確にされた区分によって理解できよう。我々が知る限りでは，社会保障に関して機能的に定義された組織に，固有の権限の形態を付与する憲法秩序はこれまで存在しないし，そうした組織が立法権限を持つ議会によって制定されたこともない。したがって，少なくとも社会保障に関する限り，機能的な連邦主義はあり得ないように思われる。

管理運営への当事者の参加

　社会保障制度の管理運営は，すべての当事者の参加なしにはうまく機能できない。その結果として，社会保障制度は，一定の社会保障給付の権利を持つ人々に，単なる受動的な態度以上のものを要求する。ほとんどの社会保障法規はこれらの給付が申請によることを要求している（詳細は第6章を参照）。また，ほとんどの社会保障法規は社会保険の被保険者あるいは社会扶助申請者に対して一連の協力義務を規定している。これらの義務は，社会保障の管理運営に関わる全ての情報を，自発的にもしくは要求に基づいて，届け出ることから成る。それらはまた，社会保障の資格証明書（IDカード）の作成をめぐって一定の書式に記入することを始めとして，求職の登録をすること，健康診断を受診すること，債務者に対してしかるべき金額を請求すること，あるいは公共の福祉のための仕事を果たすことまでのようなことから成っている。

　社会保障制度は今日の社会において果たすべき重要な役割を持っている。経済的に言ってもまた，社会保障は最も重要である。実例として，分相応に暮らすために社会保障給付に依存するすべての国の多くの人々のことを，また政府が対処しなければならない財政赤字に占める社会保障支出の負担のことを考えないではいられない。それゆえ，社会保障組織，そのなかでも調整と管理運営に責任を持つ人々が，今日の社会において進行する全てのことについて聞く耳を持つことは全く必然的である。この目的のために，いくつかの国は，社会保障問題に関する特別の審議機関を設けている。これらの諮問機関は，すべての種類の社会的，経済的，宗教的およびその他の集団が，その構成員となり得るが，社会保障の管理運営それ自体には参加しない。しかし，彼らはしばしば社会保障の議論に加わるように要請され，彼らの（重要な）意見は聴取されることになる。

　第18章では市民の社会保障の権利に対する司法的保護が取り上げられる。そこで時として問題となるのは，給付の受給資格があるかどうかではなく，むしろどうしたらその権利を金銭に換えることができるかである。換言すれば，社会保険の被保険者あるいは社会扶助の申請者には，時として，社会保障の権利

それ自体の保護よりもむしろ，社会保障の管理運営組織による不正な取扱いに対する保護が必要となる。問題が個人と管理運営組織の間に生じたときは，多くの国では，オンブズパーソンによるサービスが求められる可能性がある。この特別の組織には，社会保障の問題のために特別に設立されたものと，より一般的な課題のために設立されたものがあり得る。オンブズパーソンは管理運営組織に対して法的拘束力のある裁決をすることは何もできないが，社会保障の管理運営における濫用について，自らの職権により，あるいは苦情の申し立てに対応して，調査を行うことができ，その調査結果報告書を作成することができる。その報告書は公表されることがある。

第 4 章
人的な適用範囲

拠出面の適用範囲と給付面の適用範囲

　われわれが見てきたように，社会保障は，稼得の喪失あるいは特別の出費（またはその恐れ）に遭遇する人々の間に連帯をかたちづくる制度の総体である。それは，つまるところ，人々の間の連帯の仕組みである。そのため，連帯の範囲を決定することが非常に重要になる。誰が連帯の仕組みに拠出すべき者と考えられるのか，換言すれば，誰が社会保障の徴収の仕組みの人的適用範囲に属するのだろうか？　他方で，一旦，社会的リスクが現実化したとき，誰が社会保障の連帯から給付を享受できるのか，言い換えれば，誰が社会保障の分配の人的適用範囲（ratione personae）に属するのだろうか？　もちろん，たいていの場合，両方の適用範囲は，最善の可能なかたちに統一しようとされるだろう。にもかかわらず，社会保障に現実に拠出している人々のなかに受給資格を持たない一定の人々がいて，その一方で，拠出していない人々のなかにそうした給付の受給資格を持つ人々がいるという社会保障制度を，すべての国に容易に見出すことができる。それゆえ，社会保障制度の人的適用範囲について評価を加えるときはいつでも，制度の拠出面の適用範囲と，給付面の適用範囲とを区別すべきである。ただ，両者の間にはしばしば大きな共通性があることと，また拠出については社会保障の資金調達の章で一緒に論じる方がよいので，この章では，原則的として，受給の資格を持つ当事者に限定して論じることとする。

第 4 章　人的な適用範囲

　社会保険の最も重要な分類の1つが，その適用範囲にもとづく分類であることは疑いない。社会保険は原則的に，国内に居住するすべての人々を対象とすることができる。その場合，国民保険（peoples insurances）と呼ばれる。社会保険が労働者層，とりわけ賃金労働者，自営業者，公務員のような集団，あるいはこれらの下位集団を対象とするとき，これらは職域に基礎を置く社会保険と呼ぶことができる。全ての住民をカバーする保険と，職域の社会保険の人的適用範囲は，それぞれ以下でより詳細に明らかにされる。

全住民をカバーする社会保険の適用範囲
　国民保険あるいは普遍的な社会保険は，一国の全ての住民を保護する。住所（inhabitancy）を有することは，一般的には，公的な届出をした住民であること（official resident）と同等とは考えられていない。というのは，特定の地域に現実に居住すること，そこに利害を有すること，もしくはその国に対して何か他の現実の強い結びつきを有することを示すことも，実際に要求されるからである。国民保険のネットワークに加入するためには，社会保険給付を申請する時点で，住所を有することを証明しなければならない。このことから，社会保険給付を受けるためには，給付の請求の直後からは進行しない（つまり給付を請求する日前の──訳注）一定年数の居住を受給者が証明することを，国は要求することを妨げられない。
　強制的な国民保険は，その国に住んではいないが，その国で働きそこで所得税を収めた人々に対して，国内法の規定によって時には適用されることもある。これは，現実にその国に居住しているが，外国で働き，その働いた国の所得税を納めた人々を適用除外することと，しばしばつじつまがあう。
　このような国民保険は，主としてその国の住民（inhabitants）を保護するものであるが，それでも，それらの保険は，その国に現実に住んではいないが，特にその国と密接な結びつきを持つ人々に対して，しばしば任意に加入する途を開いている。このことは，適切な社会保障の保護が容易に得られない他国に，一定期間，住む人々については，稀なことではない。例えば，一定の国々

は，第三世界の国における開発計画に従事するために国外に出る国民が，彼らの国民保険に加入したまま出かけることができることを定めている。住民ではない者に国民保険の任意の適用を認めることは，当事者がその社会保険を提供する国の国籍を持っているという条件に，ほとんどの場合，服するであろう。

医療の社会的な保障が，国民保健サービス (national health services) に委ねられている国においては，その国に住所を持たないが，そこに合法的に滞在するという人々でさえ，時には，国民保健サービスの給付を受ける。

職域別の社会保険の適用範囲

職域の社会保険は，特定の国の人間であることあるいは住民であることによってではなく，むしろ，職業的活動に基づいて社会的保護を提供する。全労働者人口を適用対象とする職域の社会保険はほんの2，3の国にしか見出されない。つまり，ほとんどの場合，労働者人口中の区分された集団，すなわち，賃金労働者，自営業者，公務員，あるいは，しばしばこれらの下位集団に至るまで，集団ごとに区分された職域の社会保険が存在する。しかし，職域の社会保険が全ての労働者人口（あるいはその大多数）に平等に適用されるときでも，社会保険の人的適用範囲の表示は，単一の定式にまとめて規定されることはない。むしろそれは賃金労働者，自営業者，等々の集合体として規定されている。そういうわけで，これらの範疇は，実際には，より詳細に記述される。

一般的に，週に2，3時間だけ職業的に活動する人，あるいはほんの限られた稼得の人は，多くの国で職域の社会保険に属することはない，ということは述べておいてよいだろう。

職域の社会保険は，被保険者の職業活動に連動していても，そこにはなお，充足されるべき1つの条件がある。すなわち領土との一定の結びつきである。一般的には，職域の社会保険に属する人は，その社会保険制度が適用されている国の領土で職業活動をしていなければならない，あるいは，その特定の領土内に住所を持つか，あるいはそこに設立された会社の使用者のために働いているのでなければならない。なお，この場合，その領土内で職業活動をしていな

い人，あるいはその領土との結びつきに関する要件を他の点で満たさない人についても，職域の社会保険に任意に加入する途を，国内法の規定によって開く可能性がある。特定の職域社会保険が，外国で職業活動する人たち（あるいはその中の被用者たち）むけに作られることもあり得る。すなわち，その保険に利害関係を持ちそして付加可能性のある要件を充足する人たちが，任意に組織し得る保険である。後者のケースにおいては，他の国で不法に就労する人々を適用範囲とするものさえあるのだ！

多くの国は，すべての賃金労働者のために社会保険の制度を持っている。これらの賃金労働者あるいは被用者の保険は，労働契約によって特定の使用者に指揮監督されるすべての人々を適用対象とする。社会保障法における賃金労働者の概念は，この点で，労働法における被用者の概念とは異なり得る。労働法から見れば，被用者と呼ばれるべき人々であるが，被用者保険からは除外されることがある。またその逆もあり得る。多くの国において，社会保険はブルーカラー労働者とホワイトカラー労働者を別に扱っている。これは，それぞれの職業活動が肉体労働の性質を持つか，事務労働の性質を持つかによって分けられる。

自営業者の社会保険の適用範囲

いくつかの国では，すべての自営業者のための職域社会保険が存在する。しかしほとんどの場合，単一の制度ではなく，むしろ自営業者の業種ごとに別々の社会保険制度が見出される。すなわち，技術職人（craftsmen），小売店主（shop-keepers），商人（merchants）と貿易商人（traders），自営業の会社役員（self-employed company executives），自営の農業者（self-employed farmers）のための，そして他と異なった自由業を営むすべての人々のための，こうした多様な社会保険制度が見出される。自営業者のための統一的な社会保険制度が存在するときには，その人的な適用範囲は，一般的には，消極的で残余的な方法によって定義される。つまり，労働者人口の一部であって，被用者でも公務員でもない人々のすべてが適用対象者とされる。自営業者の様々な集団のための

37

別々の社会保障制度を持っている国では，賃金労働者でも公務員でもなく，自営業者の特定集団の制度のいずれにも入らない人々をすべて包含する制度が一つ選択されるだろう。

公務員等の特定の職業分野

公務員は彼ら自身の社会保障制度を享受することがある。これらの制度は，多くの場合，公務員の職務に関する一般的な法規と深く関係している。そのため公務員の職務に関する法規が実際にどこまでかかわり，そして公務員の社会保険に関する法規は実際にどこから始まるのかを述べることは，しばしば困難である。すべての公務員――それはたいてい警察官と同じく軍人も含まれる――は，必ずしも同一の社会保障制度に属するわけではない。後者（社会保障制度）はしばしば，彼らが働いている政府の業務のタイプに応じて異なる。多くの国で，政府あるいは公法上の組織に雇用されている職員がすべて，社会保障の目的に関して公務員とみなされるわけではない。つまり，これらの法制に関して，彼らは政府の被用者（government employees）（したがって公務員ではない）とみなされ，彼らは被用者の制度に属するとされ得る。同様のことは，政府のために働く一定の人々が「公務員」の名称ではなく，私的な労働契約の下で，したがって賃金労働者として働いている国にも当てはまる。

被用者，自営業者，公務員に応じた職域の社会保険組織は，一般的に認められた区分であるが，しかしそれは，職業や産業分野ごとに様々な基礎に基づいて組織される職域の社会保険を排除するものではない。特定の職業あるいは産業分野では，それら独自の全体の制度を備えることさえあり得る。例えば，炭坑夫や船員は多くの国で独立した社会保障制度を享受する。同様のことは，農民と漁民についても当てはまるが，時には，農漁民のための自営業の経営管理者（self-employed manager）と，農漁業の業務に従事する者とが区別される一方で，他の例では，両者が同一の制度の下に入る場合もある。プロのスポーツマンや芸術家が，特別な社会保険の協定を持っている国もある。いくつかの国では，ほとんど全ての自営業の職種がそれ独自の制度をもつことができること

は，すでに述べたとおりである。時には，産業分野あるいは職業集団によっては，一般的な職域の社会保険制度から切り離されないが，しかし彼らのみに適用される特別の付加的な協定が定められることがある。

職域別の構造から生ずる調整問題
　社会保険制度のこの職域別の構造は，例えば雇用労働から自営業へ移動するときとか，あるいは恐らく職業や産業分野を移転するときでも，自分の社会保険制度が変わるのを経験するという不利益を含んでいる。このような移動は，就労期間と被保険者期間の両要件に関してのみならず，また報酬比例給付の算定，既得権の保護，等々に関しても，特別な問題を引き起こす。年金権の完全な移転可能性（full transferability）の欠如の問題は，この点で特によく知られている。それは連続した職域別の社会保険制度間における無調整（non-coordination）あるいは不十分な調整の故に起こり得る受給資格の喪失を含んでいる。

　もちろん，一人の人間は同時にいくつかの職業に従事することができるが，その結果，異なった職域の社会保険制度に加入できることになる。この種の状況は，例外的には，当事者をその主たる職業に属する制度にのみ加入させることで解決される。しかし一般的には，少なくとも拠出が関連する限りは，加入した職域の社会保険制度を通算して累積する方法に頼ることになろう。時には，その累積方法は，副次的な職業活動に特別の（より有利な）拠出の定めを含むことがある。給付の側面に関しては，資格は両方の制度において取得され得るが，拠出は副次的な職業活動の職域の社会保険制度において，完全にまたは部分的に「失われる」ということ，すなわち通常の給付なしでやっていかねばならないということがしばしば生じる。もう一つの可能性として，人々は主たる職業活動と付加的な職業活動を区別せず，むしろ職域別の社会保険制度間の優先順位で操作するという可能性がある。この場合には，給付は唯一，最高順位の制度で請求されるか，または優先順位がその制度に与えられることになる。

国籍と社会保険の適用範囲との関係

国籍（nationality）は，社会保険に関しては概して関係がない。つまりその領土に合法的に居住する人々はすべて，平等の取り扱いを受ける。社会保険制度を提供している国の公民権（citizenship）が関連してくるのは，その国土との結び付き（territorial bond）の要件を満たしていない者に加入を認める場合である。いくつかの国の社会保険制度の定めは，外国に住むあるいは外国で働く自国民を，国外の任地への配属（posting abroad）とか，同様の解釈に頼る必要なく，実際に適用対象としている。

社会保険制度の適用範囲は，ほとんどの場合，一般的な客観的基準に基づいて決定される。それゆえ，社会保険の被保険者であるという資格（quality）は，保険料を全額納めてきたということと関係しない。しかし，拠出をしなかったことは，請求がどれだけ認められるかに影響する。それでも，それは被保険者のネットワークからの排除を伴うものではない。

同様のことは，社会保険制度の管理運営組織に加入する条件についても当てはまる。

社会保険関係の終了と余後効

社会保険関係は一定の時点で終了する。例えば，人が勤務を辞めることを決定したときである。しかし，社会保険関係の終了は，給付の受給資格がすべて終わることを必ずしも意味しない。概して，現在支給されている給付は継続される。しかし，社会保険の終了後に続く一定期間における社会的リスクの発生についても，当事者がもはやその時点で社会保険の被保険者でなくても，当該社会保険制度は，社会的給付の受給資格を認めることがあり得る。この場合，社会保険の「余後効（the after-effect）」として議論される。

社会保険の「余後効」は，退職した人々の社会保険と同一視されてはならない。確かに，多くの国で，職域の社会保険は，職業活動の終了後にも給付を継続する。それは（たとえば，年金あるいは失業給付のように）給付の受給資格を得た時点からそのように扱われる。しかしこれは，これらのカテゴリーを社会保

険の人的適用範囲に包含した結果であって、社会保険の「余後効」の結果ではない。

社会的な年金制度あるいは他の年金制度に「休止中 (dormant)」の加入者たちは、特別の集団を成している。彼らは一定期間、年金制度に加入し（そして保険料を納入し）、その後に（例えば、転職により、あるいは職業活動の終了により）、当該の制度を放棄した人々である。彼らの年金請求権は失われることはないだろう。後に引退するときには、当該制度から給付を（もちろん、制度への加入期間に比例して）享受できる。

直接的な被保険者と間接的な被保険者

社会保険制度を取り扱う際、（直接的な）被保険者ではないが、しかし一定の社会的な給付を請求できるという人々に出会うことがある。これらの人々は、彼ら自身の権利によって受給資格を得ているのではなくて、その受給資格は、他の誰かの（直接的な）社会保険から派生している。典型的な例は、死亡した者の社会保険に基づいて、遺族年金、遺児手当あるいは葬祭給付を受給する人々である。それはたいてい、被保険者に扶養されている人々、すなわち被扶養配偶者、子ども、そして時には他の被扶養家族（同居の兄弟、姉妹、または父母）も含む。医療保険における共同被保険者 (the co-insured) は、特に触れておく価値がある。すなわち、この共同被保険者の資格をかなり広く定義することによって、職域を基礎とする社会保険は、保健医療に対する権利を固有のまたは派生した権利として、一国のほとんどすべての住民に付与することにしばしば成功してきた。

本人自身の権利と派生した権利 (derived right) の区別は、例えば離婚の場合のように、直接的な被保険者と間接的な被保険者を結ぶ絆がいったん壊れたときに、特に意味を持ってくる。そうした例では、絆が壊れるその時点まで間接的な被保険者であった当事者は、絆が壊れた途端に、不公正にも無権利の状態に置かれているということにならないように確かめなければならない。離婚が社会保障に及ぼす影響については第18章でさらに検討することとする。

社会扶助の適用範囲

　社会扶助制度は一般扶助制度（general assistance）と類型別扶助制度（categorical assistance）に分けることができる。前者は，原則的に，一国の全住民あるいはその領土に滞在する全ての人々を適用対象とする。後者は，一国の住民あるいはその領土に滞在する者であって，かつ社会扶助を必要とする一定の集団（全盲の人，高齢者など）に属する人々だけに適用される。いくつかの国では，十分に機能する所得税制度が存在しないため，人々の資力を調査することが困難である。そのような国では，時として，一般扶助制度を構築しないで，むしろ自己の所得（の一部）を隠せないと容易に想定できる人々を対象とする類型別扶助制度に基づいて実施する方が選択される。

　扶助を申請する者は，しばしば扶助を提供する国の国民であることを要求される。さらに，扶助を提供する国の国民は，彼らが外国で貧困に陥ったときでも――一定の条件の下に――時には社会的扶助の受給資格を持つ。

　公民権（citizenship）を持つことは，一般的には，社会扶助の十分条件ではない。つまり，扶助の受給資格者は，その国の住民であることも求められる。実際に，扶助の受給資格者は，扶助制度の管理運営を担当することが多い地方政府に対して，給付申請するようになるために，その国における（公的あるいは非公的な）居住地を示すことを要求される。このため，ホームレスは彼らが受給資格を持っている扶助を有効に受けることが難しいという独特の問題に直面する。というのは，地方当局はこれらの人々をその権限の管轄外にいるものとみなすからである。いくつかの国は，これらの人々に「扶助のための居所（assistance domicile）」を与えることによって，すなわち彼らが居住していると考えられる場所を法によって定めることによって，この困難を克服している。それは，彼らの直近の現実の居住地あるいは彼らの出生の地であることが多い。たとえば高齢者，障害者，遺棄された児童のための，あらゆる種類の入所施設やケア施設が存在する市町村（municipality）では，そこに居住地を定めた人々による過剰な扶助の申請数に直面することになるが，扶助のための居所（assistance domicile）を配置することは，そうした市町村への救済ともなり得

第4章　人的な適用範囲

る。

　支給される扶助の範囲は受給資格者の家族の構成によって決まるとしても，扶助は，一般的には，扶助の受給資格を持つ者の個人の権利として支給される。家族そのものに対して扶助を支給する社会扶助制度が見出されるのは，例外的な場合に限られる。つまり，家族単位（family units）はそれ自体としては，通常，法的地位を持たないから，これは全く特異な例である。

不法就労外国人に対する社会的保護の範囲

　不法就労の外国人の社会的保護は，全ての国々にきわめて複雑でしばしば論争の尽きない問題を惹起する。これらの問題に対する解答は二つの極端な立場の中間にありうる。つまり，一方で，これらの人々はその国に不法に滞在し，就労しているのであるから，社会的保護といえども，彼らにはその権利はないとする考え方がある。他方で，社会保障は人権であり，それゆえ，彼らの違法な地位が何であれ，全ての人間に与えられるべきであるとする考え方がある。具体的な解決は国によって異なっている。不法就労の移民（illegal labour migrants）への社会的保護によって生じる諸問題について，もう少し検討を加え，そして，与えられるべき解決策へ向けて示唆的であるかもしれないいくつかの大まかな原則を明らかにすることにしよう。

　緊急かつ必要な保健医療は，不法就労の移民であることを理由に支給を見合わせることはない。彼らが人間の尊厳の中で生き続けることを彼らに認めるために，最貧困者に対して，人間の尊厳に値する生存と滞在を許容するための社会的扶助は，彼らが国外撤去を命令されていない限り，かつ滞在可能である限り，拒まれることはない。

　どのような内容の社会扶助給付が提供されるべきか，そしてどのようなレベルの給付が支給されるべきかという問題は，しばしば，不法移民が獲得する最終的な地位によって決まる。不法移民労働者がその領土から実際に国外退去させるべき者であるとき，社会への統合を強化することを特に目的とする給付（例えば，職業リハビリテーション）は，あまり意味をなさない。これと類似し

て，国が不法移民（もしくは不法移民労働者）というカテゴリーを設けて，そのカテゴリーに属する人々に対して異なった給付，あるいは異なった給付の類型を適用するかもしれない。国外退去を待って拘留中である不法滞在者は，主に現物給付を受ける。不法移民労働者を誘引しないようにするために，国は難民保護への正式な申請がなされるまでは，いかなる金銭給付も行わないことを決定し，現物給付の扶助に制限するかもしれない。難民保護へ二回目の申請に踏み切る者は（たとえば「新しい情報」に基づいて），その国に滞在するという公算を薄める。結果として，国は金銭的扶助から現物給付へ変更することを決定するかもしれない。

　法的に滞在する資格がない児童が滞在している場合は，それにもかかわらず，これらの児童は，児童給付の権利を含め，国籍を持つ児童に与えられる社会的保護，その他の保護を享受できるとすべきである。

　すべてこれらのケースにおいて，不法就労移民に社会的な保護の権利を承認することは，必ずしも，国外退去から受給者を保護するものではない。より困難な問題は，不法移民労働者に給付を行っている管理運営機関が，このことを入国管理局に報告すべきかどうかである。

　当該国が，特に普遍的な社会的保護の方式を採っている国である場合，その国の居住に関連するその他の権利は，不法就労移民へ拡大するのに適しているとは思われない。普遍的な制度は主に国家予算から財源を得ており，不法就労移民は通常，所得税を何ら収めていないので，普遍的な所得代替給付の受給資格を不法就労移民に与えることはあまり適切ではない。しかし，間接税が社会保障の資金調達において大きな部分を担っている限りでは，この考えは説得力を失う。

　所得の代替が職業活動に結びつけておこなわれる場合，不法就労移民は，通常，インフォーマル経済で働いていて，闇経済（black economy）あるいは灰色経済（grey economy）で働いている当該国の労働者と同様の立場で取り扱われるはずである。一般的な通例として，これらの労働者は社会保険から排除されるが，例外があることもある。例えば，多くの国において，労働災害を被った

労働者は，たとえその労働者が登録されていなくても，換言すれば，その労働者がインフォーマル経済で雇用されていたとしても，社会保障制度あるいは使用者から，またはその双方から，特別の補償を受ける資格を与えられている。

より複雑な状況は，不法就労移民が当該国に不法に滞在しているが，明らかに合法的な方法で雇用されているときに生じる。後者は使用者がその雇用を届け出て，社会保障の管理運営組織が不法移民をあたかも通常の合法的な労働者のように登録した結果であるかもしれない。

最後にわれわれは，当該国で滞在あるいは労働することを「黙許 (tolerated)」されている非自国民という灰色の領域 (grey zone) に注意を喚起したい。明らかに，多くの国が，非自国民はその国で滞在あるいは労働することを許されていないが，しかしなお，（例えば，人道上の理由から，または，母国で続いている災難のため，あるいは疾病のため不法移民を送還することが不可能であるという理由から），そうすることを黙許されている状況にあることを知っている。これらの人々を社会に統合するか，あるいはむしろ，状況が許す時に，彼らを送還するか，という将来の見通しを少なからず考慮に入れて，社会的な保護の範囲は国ごとに大きく異なっている。

適用範囲に関連するその他の留意点

ほとんどの社会保障制度は，社会的リスクが発生する前に既に，制度が保障すべき人々の範囲について知識を持っている。つまり，それらの制度は被保険者の管理運営を行う。その他の制度は，社会的リスクが発生したときに初めて，彼らが保障すべき当事者を知るようになる。つまり，これらの制度はケースの管理運営を行う。

最後に一言しておくべきことがある。前述の通り，社会保障は社会的リスク（の恐れ）に直面している人々の間に連帯をつくり上げるものであり，それゆえ，それは人々および人々の集団の間において金銭の移転を伴う。連帯は同一の世代内で機能し得る（例えば健康な者と病人の間，あるいは雇用されている者と失業者の間のように）。それは世代内 (intra-generational) の連帯あるいは水平的連

帯と呼ばれる。しかし世代間（inter-generational）あるいは垂直的連帯，すなわち多様な世代の間の連帯の問題は，今日ではますます重要になってきている。言うまでもないことだが，この世代間の連帯は，賦課方式（repartition）に基づいた老齢年金あるいは退職給付において重要な役割を果たす。世代間連帯は，若い世代すなわち人口の活動的部分が，先の世代の社会保障（とりわけ年金）の要求にすすんで応えるということを意味する。しかしそれはまた，現在の世代が将来の世代に不合理な負担を負わせる請求をすることを，進んで慎むということも意味する。

　最後に，選別制（selectivity）と普遍制（universality）という対概念は，人的適用範囲それ自体に関係するものではなく，むしろ社会保障給付は現実にそれを必要とする人々に与えられるべきか，あるいは，そうではなくて，現実に給付を必要としているか否かに関わりなく，設定された一般的な要件を充たす人々に与えられるべきかという問題に関係するものである，ということにも留意しておいてよい。

第5章
社会的リスク（概念）

社会的リスクの対象範囲

　我々は，稼得の喪失あるいは特定の出費（の恐れ）に直面する人々との連帯を形成する仕組みの総体として，社会保障を定義した。つまり，社会保障は，「認知された（recognized）」社会的リスクの発生と結び付いている。これまで繰り返し述べた社会保障の作業上の定義は，社会保障の内側で起きるかもしれない何らかの新たな問題への新たな対応が発展することが可能になるよう，「認知された社会的リスク」の概念の間口は開けたままになっている。

　社会的リスクと聞くと，関係の文献では，初めに，社会保障の最低基準に関する国際労働機関の第102号条約の中の分類を取り上げることが多い。それによれば，医療，疾病給付，失業給付，老齢給付，労働災害給付，家族給付，出産給付，障害給付，遺族給付がある。全く明白なことであるが，分類は，社会的リスク自体よりも給付制度に関連付けて行われている。これは，他の代替的な手法を犠牲にして，直ちに，特定の構造的な視点に固執することを意味する。とはいえ，この分類は，多くの（認知された）社会的リスク，とりわけ保健医療ニーズ，疾病，失業，老齢，労働災害，家族負担，出産，障害，生存配偶者と関連付けられている。

　本書において抽出され，そして個別の章で扱っている社会的リスクは，次のとおりである。すなわち，老齢のために（もはや）働けない人々に影響する稼得の喪失（第7章），労働不能（第9章）または失業（第10章），生計維持者であ

る配偶者の死亡に起因する稼得の喪失（第8章），子供の養育および他の家族が依存状態になった場合に，それらに関連する特別な費用（第11章），保健医療（の費用を賄うこと）に関連するニーズ（第12章），そして最後に人たるに値する生活に必要な手段の欠如（第14章）である。

　このような手法が，たいていの場合において国際労働機関がたどってきた手法と異なっていることは，すぐに明らかになるであろう。例えば，労働災害に関する独立した章は設けられていないし，出産，疾病および障害も個別には扱われていない。その一方で，われわれは生活困窮というリスクをはっきりと区別して扱う。さらに，自律の喪失またはケア（依存状態）というリスクも付け加えることにした（第13章）。それでは，これら全てについて詳細に検討しよう。

諸リスクの異同とその取扱い

　我々として，特定の法制による規定からではなく現実そのものから出発するならば，疾病と障害との間に実質的な差がないことが直ちに認識されるであろう。いずれも，労働不能に起因する稼得の喪失を填補することを含意している。もちろん，多くの国の社会保障制度は，短期的または一時的な労働不能と長期的あるいは恒常的な労働不能を区別しているのは事実であるが，仮にそうだとしても，保障範囲とされるべきリスクには本質的な差はない。同じことは，労働災害，職業病，あるいはまた出産の場合の所得代替給付のように，労働不能の原因に基礎を置いて構築された特別の，より有利な制度にも妥当する。

　我々としては，労働災害，職業病および出産に関する制度が，他の社会的リスクも同様に保障範囲としていることを指摘しなければならない。一般に，これらの制度は相対的に有利な保健医療給付を提供する。また，時には，（労働災害または職業病の犠牲者の遺族に対して）遺族給付を提供することもある。我々は，労働災害，職業病および出産に関する制度のこれらの側面について，遺族，労働不能および保健医療に関するそれぞれの章で扱うことにする。

第 5 章　社会的リスク（概念）

　我々としては，社会的リスクに関する議論の焦点を特定の法的枠組みには置かないと決めたことから，本章において，「労働災害」，「職業病」および「出産」の各問題について，多少とも明確化を図らねばならない。しかし，まずは，人たるに値する生活に必要な手段の欠如（すなわち生活困窮）を独立した社会的リスクとして認知する理由を説明することにしよう。既に述べたように，「社会保障」という（上位の，または全体を被う）概念がないままの国もあれば，「社会保障」と「社会保険」の概念を同等と見る国もあるであろう。国際機関は，時として同じ方向に向かっているように思われることがある。他方，「社会扶助 (social assistance)」が社会保障の不可欠な一部を構成する事実に異を唱えようとする学者はいないであろう。我々は，一般的な社会扶助制度に焦点を当てた生活困窮というリスクのために，個別の章を設けることにした。類型別の扶助制度は，社会的リスクに関する限り，最も多くの場合「混合的性格 (mixed character)」を示すことが多いように思われる。例えば，高齢者のための扶助制度は，「生活困窮」のリスクとともに「老齢」を保障範囲としているとみることができる。そこで，実際的な理由から，「生活困窮」の見出しの下ではなく，個別の社会的リスクとともに類型別の制度は扱うことにしようというのが，我々の判断である。

労働災害の位置付け
　発展途上の社会法が直面した最初の問題は，危険な労働条件であった。多くの労働者が適切な予防措置，機械の操作のための十分な安全対策などの欠如のために，仕事場で命を落とさないまでも重篤な怪我にみまわれることになった。そこから，より安全な労働条件を構築することが，何年もの間，社会保障の何より先になすべきこととなり，そして，その構築が多くの労働災害の防止につながってきている。それにもかかわらず，労働者は依然としてそのような事故の犠牲者であった。この点に関して，労働災害の概念は時代とともに拡大してきたことを銘記しなければならない。一般に，労働災害は，人が就労中に発生する事故を意味する。しかし，労働と事故との関係は，国々で異なる形で

表現される。国によっては，事故は勤務時間中に発生することで足りるのに対して，他の国では，労働契約の履行の間に実際に発生することが必要となる。多くの国では，家から仕事までの途上（またはその逆）で発生する事故も労働災害と位置付けられている。同じことは，危険な状態にある者を救出する際に発生した事故についてもいえる。多くの国では，事故が労働災害か否かの問題に関して判例の集積がある。それに加え，立法者は，労働者による労働災害の存在の証明を容易にする特別な証拠方法を規定することがしばしばみられる。

　社会保障が労働災害について（他の事故と比べて）特別の制度や処遇を構築する場合には，それは次のような理由によるのかもしれない。すなわち，労働災害が他よりも頻発する企業に対して，より高い社会保険料を払わせるためであったり，普通の事故の犠牲者よりも有利な給付を支給するためであったりすることである。労働災害の犠牲者が相対的に高い水準の給付の受給権を得るが，それは稼得の喪失のみならず純然たる健康上の損害も考慮してのことである。さらに，労働災害の犠牲者は，多くの場合において完全無料の保健医療を受けられるが，それは使用者によって設立された医療サービスによる義務的治療を含む場合があり得る。

　問題の相対的に有利な制度は，独立した労働災害保険の創設をもたらす可能性があるが，しかし，その労働災害保険は，労働不能，遺族給付，および（または）保健医療を取り扱う他の制度の中に包含されることもあり得る。例外的には，労働災害および職業病は，単一の職業的健康被害に関する社会保険によって保障される。

職業病の位置付け

　労働者の健康が突然の事故の発生のみによって害されるのではないことは，急速に明らかになった。それは，長期にわたり有害な労働環境（ある種の物質や光線）にさらされることによっても影響を受ける。この場合には，労働災害の場合とは異なり，直ちに損害が発生するわけではない。損害それ自体は，後々になって，おそらくは労働契約が終了してからでさえ，顕在化するであろ

う。その結果，職業病は，例えばある者が職業病に罹患している証拠に関して，特別な対応をするに値する特別な問題を生起する。「職業病（occupational disease）」の概念は，一般に，ある人の健康を害する労働環境への曝露によって引き起こされる不調や疾病を意味する。一般的に言えば，職業病への対応には，それを定義する対応と列挙する対応の2種類がある。前者，すなわち「開かれた定義（open definition）」の場合，それぞれの不調や疾病は職業病として認知され得るが，被害者は従前の職業活動と病気の発生との因果関係を立証しなければならない。列挙（リスト）が使用される場合には，病気が予め作成された職業病リストに掲載されているときに限り，職業病と認められる。仮にある人が列挙された病気に罹患し，病気が勤務期間中の危険な曝露に対応しているならば，病気と労働との因果関係が推定される。曝露自体が，対応する危険への曝露が顕在化している企業や職業分野（それも列挙された）において就労していたという証拠を出すことだけで証明されることが多い。今日大半の国は，「開かれた定義」で補完しながらも「列挙方式（list approach）」を採用するという，つまり「混合」基準を使用している。リストを基礎にしているが，犠牲者は同時にその（リストに掲載されていない）病気が健康に有害な労働環境への曝露に実際に起因するという事実に関する（より困難な）証拠を示す機会を与えられている。

　労働災害の場合と同様に，職業病が身に起きているかどうかの問題に関する判例の集積がみられることが多い。また，労働者が職業病の存在をより容易に証明することを可能にする証拠方法に関する特別規定を立法者が設けることがしばしばみられるのも，労働災害の場合と同様である。

　社会保障において，病気が実際に職業病であることを考慮する理由は，労働災害の場合に目にした理由と極めて似ている。すなわち，職業病が他と比べてより頻発する企業の使用者に対して，より高い保険料を払わせたり，そして，一般的な場合よりも相対的に有利な給付を支給することである。このようにして，職業病に罹患した患者は，稼得の喪失のみならず純然たる人的な損害を考慮に入れた相対的に高水準の給付の受給資格を取得し得る。そして，職業病の

犠牲者は，多くの場合医療を完全に無料で受けられる。

問題の相対的に有利な仕組みは，独立した職業病に関する社会保険の創設を促すが，一方では，労働不能，遺族給付および（または）保健医療を取り扱う他の制度の中に包含されることもあり得る。例外的には，労働災害と職業病が単一の職業的な健康被害に関する社会保険によって給付が行われることもある。

職業病制度の独自性は，そのような病気が発生することの予防を目的とした給付を支給することもある点である。このことは，健康を害する職場環境の中で働き続ければ，職業病に罹患する人であれば誰に対しても，所得代替給付（または，より収入の少ない職業に転職した場合の職業所得を補完する給付）を支給することを付随的にもたらす。労働災害や職業病に関する社会保険制度は，他の社会保障部門と異なり，労働者というよりも使用者に対する保障である。実際，これらの制度は，使用者の（客観的）賠償責任を塡補する保険を出発点とすることが多い。この特徴は制度の運営にも関係しており，これらの制度の運営はしばしば使用者，使用者団体または民間保険者に委ねられている。

労働災害や職業病を保障範囲とする社会保険制度は，もっぱら被用者および公務員（時としてブルーカラー労働者のみ）を対象とすることができる。時には，同制度は，強制または任意で自営業者に対しても保障を提供する。

出産の位置付け

出産は，時々，固有の社会的リスクとして独立して扱われることがある。しかしながら，子細に分析すると，出産は，原因という点では，特殊な労働不能の形態，すなわち保健医療のニーズのみに関わることが認識されるであろう。他の場合と同じように，保健医療のニーズに関するこの特殊な原因を考慮に入れることは，相対的に有利な制度につながっていく。このことは，妊娠および出産に関係する医療が無料であるということをほとんどの場合意味する。労働不能に起因する稼得の喪失を保障範囲とする出産保険の特殊性は，出産前後の数週間の間に労働不能が不可避的に発生することにある。出産保険の受給者

は，他の労働不能の者に通常妥当する給付よりも高い水準の給付の受給資格がある。またしても，相対的に有利な仕組みは，出産に関する独立した社会保険を創設することにつながるが，一方，この相対的に有利な仕組みは，労働不能および（または）保健医療を取り扱う他の制度に包含されることもあり得る。

時には，出産（母性）給付と並んで父親給付が存在したり，あるいは出産（母性）給付を受給する母親が（既に）いない場合に父親給付が支給されることがある。

前述の出産（および父親）給付制度は，親が家にいて小さな子供や病気の子供の面倒をみられるようにする社会保障給付とは区別されなければならない。これらの制度については，ケア保険を議論する際に扱うことにする（第13章）。

社会的リスクとしての認知

それでは，我々の出発点である社会的リスクに再度焦点を当てよう。「社会的リスク」として社会的保護の必要性が認知されるのは，社会内部で一般に受け入れられた確信であって，かつ，当該の事故をカバーする保障制度を創設する立法の制定によって表明された確信，に依存することが，今や明らかになった。社会的保護の一定の必要性を，社会的リスクとして，このように認知することは，時代とともに変化する。つまり，ある必要性は（独立した）社会的リスクを構成するものとして未だあまり認知されていないのに対して，他の必要性は，社会的リスクを構成するものとして多くの場合認知されている，というように。社会的保護の一定の（部分的な）必要性は，同一の名称の下にいつもあるわけではない。それらは，代替的な異なる社会的リスクとして分類されるかもしれない。

我々は，その点に関して一層の明確化を図るつもりであるが，最初に用語法に言及したい。ここまで使用してきた「社会的リスク」という表現において，「リスク」の概念は，当事者の意思を超えたところに存在する将来の不確かな出来事という通常の意味で解釈することができないことは，これまでに明らかである。例えば，退職年齢への到達は，およそ「リスク」と呼ぶことはできな

い。同じことは，（幸いにも）養育が必要な子供を持つことについてもいえる。このような意味合いにおいて，この概念は，社会的保護を要する不測の事態（contingency）や事故（eventuality）を包含する。それにもかかわらず，我々は，社会的「リスク」という用語が共通して広く確立していることから，この用語を続けて使用することとする。しかしながら，文献によっては，「事故（eventuality）」の用語の方が「社会的リスク」より好まれている。

　国の立法者が社会的リスクに対応する給付制度を廃止するときが典型であるが，初期の時代の社会的リスクが現在でもそのまま認知されるべきかどうか，疑問に思われるかもしれない。この点に関しては，「遺族」リスクを考えてみることができる。男性が家の外で働き，女性が妻であり母親であるというような，夫と妻の明確な役割分担を維持している社会においては，家族の唯一の収入源，とりわけ夫の稼ぎの喪失は，残された親族に対する社会的保護の重大な必要性を惹起せずにはおかない。しかし，婚姻関係にある夫婦も含めて，各自が自分自身およびその家族の収入のために働かねばならない（より現代的な）社会にあっては，配偶者の死亡は，新たな状況に適応するための最初の期間の支援を別とすれば，特別な社会的保護の必要性を大きく惹起することにはならない。夫婦の一方が家事に専念することは，依然として選択できると述べることによって，このこと（配偶者の死亡は特別な社会的保護の必要性を大きく惹起することにはならないということ――訳注）に反対することが可能であるのは明白である。たしかにそうではあるが，それ（夫婦の一方が家事に専念することを選択すること――訳注）は家族内部の決定事項であり，したがって，もう一度いうと，例えば生存配偶者が労働市場に再度参入することができるだけの適応期間を提供することを別にすれば，何らかの外部的な帰結を求めることにはならないはずの決定なのである。とはいえ，このような思考はおそらく全てを包含するわけではなく，古い時代の社会モデルに依然従って生きている古い世代には確かに適合しないであろう。しかしながら，「遺族」リスクが時代の試練に対処できるかどうかという疑問は残る。「遺族」に関する社会的保護の必要性のうち，適応期間の給付のような一部の側面については，たとえば「失業」という

リスク名称の下に分類できるかもしれない。国によっては，立法者は既にその方向に向かっているものもあるようである。以上述べた上で，我々としては，社会的リスクが社会保障制度によってひとたび認知されると，社会保障制度がそれを「手放す」ことには，最大限のためらいを感じることを強調しなければならない。

社会的リスクの認知方法

社会的保護に対する社会のニーズ（必要）は，多様である。人間の社会的安全にとっての危険の継続的増大は，増大するこれらの必要性をリストに追加することしかできない。しかしながら，このような思考は，社会保障制度がこれらの必要性を依然として毎回別々の社会的リスクとして認知すると述べることと同じではない。どんどん発生する社会的保護の新たな必要性は，既存の「認知された」社会的リスクの枠組みの中で吸収されることが多い。他方，社会的保護の必要性が顕著となり，この必要性を完璧な新たな社会的リスクとして認知すべしという圧力は突破する以外ないといった特徴を示すようになることもあり得る。その場合，誰が，そして何がこの社会的保護の必要性をついには社会的リスクとして認知することまで導くかを決めることは困難である。如何なる場合も，立法者は，この過程において重要な役割を演じるであろう。立法者が事故に関して適切で一貫した立法，施行などを行う限りにおいて，新たな社会的リスクは認知されるであろう。しかし，特定の社会的保護の必要性を社会的リスクとして認知する役割を同様に演じるであろう関係者が他にも存在する。例えば，プレスや世論である。結果として，同一の客観的な社会的保護の必要性が，ある国またはある社会保障制度では，社会的リスクとして認知され得るのに対して，別の国や社会保障制度においては，そのように認知されないかもしれない。

自立できない人々の側に立ったケア（care）のニーズは，現在多くの国において社会的リスクとして認知されつつあり，その点で社会的保護の必要性に関する優れた一例である。多くの国は，自分の面倒をみること（起きる，着替え

る，食べるなど）のできない人々のための社会的保護の需要に対する社会保障上の回答を部分的であるが，既にこれまで与えている。そのための対応は，労働不能に関する制度，老齢年金および退職給付制度，保健医療制度あるいは家族給付制度の中や，さらには社会扶助の中にも見出すことができる。これらは，そうしたすべての異なる名称の下に，交互に，分類することができるかもしれない。しかし，既に述べたように，自律性の喪失や依存状態に対するこれらの回答は，単なる部分的な回答である。その結果として，これらは，時として，いかなる疾病や事故も関係しない，自立能力の大きな低下に直面する多数の人々の，固有の社会的保護の必要性を，適切に満たすことができなくなる。そこで，我々は，「ケア」（あるいは，「依存状態（dependency）」または「自律の喪失（loss of autonomy）」）を伝統的な社会的リスクのリストに付け加え，この新たなリスクに一章（第13章）を割くことに決めた。

　これら全ては，社会的保護の一定の（部分的な）必要性が，国の社会保障制度において，認知された社会的リスクのさまざまな名称の下に，いかにして代替的にカバーされるかということを示している。このような例は他にもたくさんある。高齢の労働者が通常の退職年齢より前に労働市場から引退することを可能にする制度は，ある時は失業制度と位置付けられるのに対して，別の時には「老齢」の社会的リスクへの回答とみられるであろう。いくつかの国の社会保障制度において，病気の子供の面倒をみるために数日間欠勤する親に支給されている給付は，ある国では労働不能に対する保障制度の一部となっているのに対して，別の国では家族手当と位置付けられている。

　ちなみに，国の社会保障制度が，認知された社会的リスクを扱う方法は多様であるということと，同一の制度体系内の社会保障給付上の取扱いの違いが，時として作為的な行動を導くことがあることとを，混同すべきではない。実際，「関連する」社会的リスクに対して同一の制度体系の枠内で大きく異なる保護が付与されているとき，その問題に利害を有する者（給付の受給資格を有する者，しかし，時にはその使用者も）は，自分に最も有利な社会的リスクにさらされたことを示すために，何でもできることはするという傾向が頻繁にみられ

ることが認識されてきた。例えば，労働から外れた者は，低い水準の期間限定の失業給付にとどまるよりは，障害と認定されそれに対応する年金を受け取ることを選好するであろう。

第三者への賠償請求

　社会保障（の管理運営機関）が，社会保障によって補塡されるリスクに対して賠償責任を負う者から，給付費用を回収する可能性を考える場合，全く異なる論点が問題となる。もしある者がその法的責任（例えば，離婚後扶養料の支払い）を果たしているならば，あるいは，もしある者が不法行為を侵して（例えば，健康被害を引き起こして）いないならば，その被害者は，社会保障給付（例えば，社会扶助，保健医療，労働不能給付等）の必要がないことは，時として確かに明白であろう。責任を負うべき原因者（または債務者）が判明している社会的リスクのために社会保障給付が支給された場合には，支給された給付は，社会保障が被った損害額を構成することになる。したがって，多くの国では，社会保障の管理運営機関は，責任を負うべき者，すなわち，社会保障の管理運営機関と社会的リスクの犠牲になった者との関係においては第三者である者に，「損害（damage）」を回復させる権利を有する。ここから，「第三者責任（third-party liability）」という用語があり，社会保障が第三者に求償する可能性が存在する。法的には，この求償または損害の回復は，社会保障の管理運営機関が，犠牲者（または元の債権者）の権利を代位する形を取ることが多い。ごく例外的ではあるが，社会保障法は，受給者が責任を負う第三者に対して自ら法的な手段に訴えた上で，その賠償額（受給した社会保障給付に相当する金額）を社会保障の管理運営機関に回すことを求めることがある。

　責任を負う第三者からの損害の回復の可能性は，通常，労働不能に関係する給付，そして時には費用を負担する保健医療，さらには遺族給付について存在している。同様に，社会扶助給付も含まれるであろう。一般的に，社会保障の管理運営機関との関係で，第三者に対しては，一般的な賠償責任法（または，例えば家族法）に基づく債務以上の責任を負わせることはできない。社会保

給付の支給は，受給者が社会保障によって補塡されない損害の補償を，責任を負う者に対して請求するため，法的な手段に訴える可能性を奪ったりはしない。

社会保障制度の外側での認知

最後に，社会的保護の必要性は，社会保障制度の外側でも充足されることがあることを銘記すべきである。我々は，第1章で指摘したように，社会保障制度に加え，別の連帯の手法を有している。

社会的保護の必要性のいくつかは，社会保障制度により認知された「社会的リスク」という形ではないにしても，既に長期間にわたり，認知されている。そうした認知と対応関係にある給付制度を社会保障法（法典）に組み込むとともに，その制度の管理運営を社会保障の管理運営機関によるとすることは，リスクが，社会保障制度において現実の社会的リスクとして認知される途を開くことになる。このような文脈で，我々としては，とりわけ家賃および住宅補助，あるいは，国によっては既に社会保障給付と見なされている給付であるが，学生に付与されるあらゆる種類の現金給付を考えることができる。

第6章
社会的リスクおよび社会的給付（総論）

社会的給付の目的——予防，回復そして最後に補償

　社会保障制度において，社会的給付は社会的リスクに対応するものである。このような給付は，社会的リスクを防止すること，社会的リスクが発生する以前の状態に回復すること，または社会的リスクに対して補償をすることを目的とする。先ず取り組むべきは，社会的リスクの発生に起因する損害を防止することである。以前の状態に回復するよう試みることが2番目であり，社会的リスクの発生に起因する損害の補償は最後の3番目にすぎない。しかしながら，実際には，社会保障が主として関わるのは，最後のシナリオとしての補償からであることを認識しないわけにはいかない。予防と回復は重要であるにもかかわらず，社会保障においては従たる役割しか果たしていないことが多い。もちろん，このことは，予防と回復が，社会保障の領域外でも重要な役割を果たすことはないと言っているわけではない。その点に関する具体例は，雇用政策，労働安全に関する対策，あるいは教育や市民秩序の維持のように多い。

現物給付と現金給付——給付水準を決定する方法

　社会保障給付は，現物であったり現金であったりする。第1章で述べたように，認知された社会的リスク（の費用）を軽減するための全ての社会サービスおよび仕組みを含めることは，本書の射程を遥かに超えるから，我々は，主として現金給付について検討することとする。保健医療および介護を例外とする

ことは，既に正当化されている。

　現金給付は，固定された金額（定額給付）であることも，従前の稼得収入，昔の職業収入や賃金に関連付けられることもある。また，現金給付は，これらの手法を組み合わせて算定されることもある。

　職域を基礎とする社会保険制度においては，給付は一定期間（算定対象期間 reference period）に稼いだ平均賃金または職業所得に対する割合によって算定されることが多い。しばしば，稼得賃金には上限の限度額が設定される。すなわち，従前の稼得賃金や職業所得がそれより高い場合であっても，給付は上限の限度額を基礎として算定される。このような稼得の上限は，保険料の算定にも適用されることがある。一定の条件の下で，最低保障給付もまた存在する。すなわち，通常の算定方法に従って決定された金額が現実にそれより低い場合には，最低保障額が支給される。

　全ての住民をカバーする社会保険制度（およびデモグラント（社会手当）に当たる制度）においては，給付は概して定額となるであろう。

　扶助給付は固定された金額から成ることもあるが，しかし多くの場合，扶助給付は当事者の必要と資力との相関関係によって確定される。

　定額給付の水準は，様々な方法で決定される。最初の可能性は，明らかに，他の変数に関係なく政治当局によって決定されるものである。最低賃金や平均賃金が定額の決定のために考慮されることが，極めて頻繁にみられる。扶助制度の場合には，固定された額は，人たるに値する生存に必要とみなされる支出（いわゆるマーケット・バスケット basket of goods）を基礎に計算されることが多い。もちろん，如何なる財やサービスが人たるに値する生活にとって必要と考えられるかを決めるのは，政府の評価に委ねられている。社会学者によって決定される貧困線は，多くの国において，社会扶助給付によって保証される金銭水準を超える。我々は，時として社会保険制度の枠内で設定される最低額の方が社会扶助によって支給される給付より一般的に高いことも指摘しなければならない。

第6章 社会的リスクおよび社会的給付（総論）

給付の自動再調整

　概して，社会保険給付は価値の減少や目減りから保護される。この目的を実現するため，当局は，社会保険の金額を改定することができる。そのような改定は，決まった日に行われることもあれば，そうでないこともある。しかしながら，多くの場合において，目減りに対して給付を保護するかどうか，そして，どのように保護するかを決めるのは，政府ではない。むしろ，自動再調整の仕組みが適用される。従前稼得された職業所得や賃金の割合で示される給付の場合，計算の基礎（従前稼得した職業所得や賃金の平均）が今日の金銭価値と等価になるよう「変換」され，その上で，この新しい金額に対して割合が適用されることを確認しておく必要がある。

　適用可能であるならば，計算の基礎となる最低額及び上限の限度額も，再調整されなければならない。定額給付も直ちに再調整される。

　目減りに対して給付を保護するとして，その目減りを調べるには，様々な方法が可能である。すなわち，一般的なインフレ水準との関係で，購買力に比例する形で，および平均賃金水準との関係で，等々の方法がそれである。比較の指標に依存しつつ，政府は，所定の時期のインフレ率を公式に記録すること，（選択された様々な財やサービスの）消費者物価の上昇を追跡すること，平均賃金水準の推移を評価すること，等々のことを行う。これらの指標は客観的なデータを含むものの，政策目的のための一定の裁量の余地（例えば，消費者物価の中で考慮されなければならない財は何か，また，それらはどの程度まで考慮されるべきかなど）が残っていることを，依然として考慮に入れなければならない。再調整が消費者物価の推移に従って行われるべきことを意味する場合，これを一般に「スライド方式（indexation）」と呼ぶ。これに対して，給付が賃金や職業所得の推移に従って改定される場合は，「成長適合（growth adapted）」給付と呼ぶことができる。後者の方が前者と比べて，自動調整の仕組みというよりも政府の決定に依存するものとなろう。

　自動再調整は，毎月の場合も，数カ月おきの場合も，毎年やその他の一定の期間毎の場合もある。

スライドのみならず，さらに言えば「成長」に適合した再調整の場合も，遡及的に計算される。過去の一定の時期から現在までの状況の推移は，現時点から以降の給付と同様に，遡及すべき期間の給付を引き上げるために吟味される。あまりに長い期間にわたり自動再調整が起動しないことがあっても，その程度にとどまる限りにおいては，このような仕組みはあまり問題が生じない。極端に高いインフレ率に苦しんでいる国において支給される社会保険給付の場合には，状況が異なる。そのような場合，購買力，消費者物価および賃金の推移を後追いするだけでなく，先取りすることも必要になるかもしれない。

被扶養者がいる場合の給付
　社会保障給付の水準を決定することになる定額または割合は，給付の受給資格を有する者の生活条件に従って異なってくることが多い。給付は，一般に，扶養される配偶者および（または）子供がいる場合には高くなる。「扶養される」という概念は，個別の社会保障制度によって様々な概念に変換され得る。それは，扶養される人の側の稼得の欠如とともに生計の同一性を指すのが一般的である。被扶養配偶者を有する人に対してより高い給付を支給することは，多くの場合，それにより増大する給付がそれぞれの配偶者が単身の場合に支給される給付の合計よりも低いという意味で，両方の配偶者にとって不利になり得る。そのため，当事者は，その生計の同一性を社会保障機関に秘密にしておこうとすることがしばしば見受けられる。このことは，婚姻している配偶者に加えて，婚姻していない配偶者も被扶養者とみなされ得る場合に，顕著である。
　被扶養配偶者を有する人に対して支給される給付が高いことは，単身者の状況と比較して社会的保護の必要性が大きいことにより動機付けられる。これに対して被扶養配偶者を有する者に対して支給される給付が，単身者2人の給付の合計よりも少ないという事実は，一緒に生活することによる費用節約効果によって説明される。そうである以上，2人のパートナーの間に性的関係があるか否かという論点はまったく不適切であるはずである。しかしながら，そのよ

うな関係がありそうであるということ（およびそれが認知されるということ）は，両者が同一の生計を形成し維持しているか否かという事実に関係している，とみることができる。法律は，配偶者が同一の生計を営むことを前提としている。同一の生計でないことが，ときどき，証明されることもある。

資力調査の範囲，程度と調査方法

社会保障給付の金額は明確に決定されるとしても，受給者が現実にその金額を受け取るかどうかについては，なお調べるべきことがある。まず，給付の支給に資力調査が課せられることがあり得る。さらに，給付の受給資格を有する人が，同時に複数の社会保障給付を実際に請求すると，これら給付の無制限な併給は不可能であることが判明する。

扶助給付およびある程度まではデモグラント（社会手当）も，さらに時にはその他の社会保険給付さえも，その人の資力が一定金額を超えない場合にのみ支給される。その資力は，その全部または一部が，一般的に固定された給付額から，差し引かれることもある。資力調査は，以下で述べるように，様々な形で行われる。

その一つの可能性は，職業的な所得や賃金のみを考慮に入れることであるが，全ての所得を考慮に入れることも可能である。時として，架空の所得が考慮に入れられることさえある。例えば，自分自身の資産である住宅に居住することに関わる場合には，そうである。さらに，同一の資力調査であっても，時として，職業的な所得とその他の所得とでは別異に扱うことがあり得る。資力調査は，単なる所得の調査以上のものでもあり得る。つまり，資力調査は，ある者の資産（の状況）をも対象とすることができる。そのような場合，ある種の所得や資産の一部が，特別な理由によって取り除かれることがある。例えば，ある人が怠惰になることを防止するため，その賃金の一部が控除されること，あるいは，社会保障給付の資格を得る目的で，所有者がその住まいを売却することを強制されないように，その所有する（質素な）住宅の価値を考慮に入れないことがあり得る。

資力調査において考慮に入れられる所得も資産も，一般には，給付を申請する人自身のものである。しかし，配偶者やパートナー，さらには子供やその他の家族および同居人に関係する所得や資産も，しばしば考慮に入れられる。

　資力調査を効果的に実施することは，実際極めて困難である。資力調査は，税務当局によって集められたデータを利用することで最も容易に実施される。それ故，資力調査で考慮に入れられる所得は，税務当局によって決定された課税所得であることが多い。しかしながら，課税所得として確定された所得は，ある人の富または生活困窮を間違って示すかもしれない。なぜなら，この金額は，税固有の目的に寄与するにしても，社会的な目的には全く関係しない，数々の税免除や税控除を経由して，到達した額だからである。例えば，ある国では，ある種の貯蓄や融資，不動産担保，生命保険などは，課税所得から控除される。このため，これらの控除が資力調査で考慮に入れられるべきかどうか，迷うことにもなり得る。この問題を克服するため，国によっては，税のデータは使用するものの，最終的に確定した課税所得に依拠するのではないという，社会的所得の概念を発達させた。それは，税務当局から提供される情報を基礎として計算されるが，それには，社会保障の目的を妨げるような税の控除や免除は適用しないままにしておくという点で，明白な違いが存在する。

　資力調査を効果的に実施する上でもう一つの問題は，申請者以外の者の所得や資産を考慮に入れなければならない場合に発生する。この場合，自らの所得や資産を開示しなければいけない申請者以外の人の抵抗に直面するかもしれない。

　さらに，資力調査を同時に複数の給付（例えば，遺族年金，一時的な社会扶助および暖房手当）を受給している人に適用する場合にも問題が発生する。それぞれの資力調査が他の資力調査とは独立して適用される場合には，全体として受け入れがたい結果につながるかもしれない。

併給調整の方法

　ある人が複数の社会保障給付を請求することができることが，時々起こり得

第6章　社会的リスクおよび社会的給付（総論）

る。そのような状況は，同一人が異なる社会的リスクを被っている場合，または，同一人が同一の社会的リスクについて複数の社会保障制度から給付されている場合にも発生し得る。前者の例として，我々は，老齢年金の受給資格を有するとともに，その配偶者の死亡により遺族年金の受給資格を得る者を挙げることができる。後者の例としては，被用者であるとともに自営業者であって，両方の職業の社会保険制度から老齢年金の受給資格を得る者を挙げることができる。社会保障法は，ある人が同時に2つの給付を受けることを拒まないにしても，そのような給付の無制限の併給は拒否することが多い。併給制限の規則は，しばしば極めて複雑である。一般には，その目的は，該当者が両方の給付を無制限に受給することがないようにすることである。それに代えて，その人は，選択を要求されるか，最も高い給付を支給されるか，さもなければ，一定の上限までの合計額であるところの制限付きの併給を認められることになる。

　給付の併給とは全く異なるが，同様に明確化が必要なもう一つの問題がある。それは，ある給付を別の給付へ一つにまとめることである。実際，同一の社会的リスクについて，互いに独立した別個の給付を設けることができるから，私的保険の給付も，グループ保険（group insurance）または集団的な協定（collective arrangement）による給付の上に，積み上げることができる。同様に，後者は法定の社会保障制度による給付の上に積み上げられる。その一例が，障害もしくは失業になり，または退職した特定の産業部門の構成員に対して，喪失した職業所得のＸ％に相当する代替所得を支給する集団的な協定による制度（collective arrangement）である。集団的な協定による制度自体は，法定の制度によって支給される給付の補完を提供するだけであるが，こうして，後者は集団的な協定による制度による支給の中にまとめられ，いわば組み込まれるのである。集団的な協定による制度によって支給される給付のこのような方式は，法定の給付の金額の方が変更され，より正確にいえば，引き下げられることがあるから，予想できない義務に集団的な協定による制度を直面させる危険性を内包している。したがって，法定の制度の上に設けられた集団的な協定による制度の大半は，法定の給付の水準に生ずる変更から独立して，それらと

65

は異なる方法で給付を決めるであろう。同じことは，必要な修正を施した上であるが，集団的な協定の，または法定の社会保障制度の上に設けられる民間保険の取り決めにも見ることができる。さらに，法定の給付もまた，別の法定の給付にまとめることができる。このことは，例えば，労働災害補償制度が一般的な障害保障制度よりも高い所得代替率を保証する場合に妥当する。その場合，労働災害保険給付は労働災害として保証された金額に達するまで障害年金を補完することに限定される。このようなケースでは，一つの給付にまとめることと併給（制限）は，相互に類似してくる。

社会保障給付の終了

　社会保障給付は，有期または無期の期間を対象に支給される。何れの場合も，社会的リスクが存在しなくなったとき（例えば，失業者が仕事を見つけたとき，子供がもはや被扶養者でなくなったとき），または給付の支給条件がもはやどのような形を取っても満たされなくなったときに，社会保障給付は終了する。しかし，給付は，その資格を有する人の状況の変化の如何にかかわらず，時間の経過の結果としても終了する。これは，概して，失業給付に妥当する。そのような場合，給付が支給される期間の長さは，固定された一定期間であるか，または年齢や雇用，保険もしくは受給者の保険料納付期間によって，異なる期間であり得る。

社会保障受給権の譲渡禁止，差押禁止等

　社会保障給付を受ける権利は，破棄できず，譲渡できず，そして差押えできない。このことは——具体的な社会保障給付を差し押さえる可能性に対して特定の制限が課せられてきたのだけれども——受給した給付そのものに適用されるわけではない。このような制限は，受給者のために給付の核心的な趣旨を保護することを目的としている。同様に，まだ期限が来ていない社会保障給付を譲渡し，移転し，そしてそれに賦課する可能性も制限されていることが多い。

第6章　社会的リスクおよび社会的給付（総論）

給付の申請をめぐる問題——未請求，遡及制限等

　一般に，社会保障給付は，自動的に支払われるわけではない。社会保障給付の資格を有する当事者は，その支払いを申請しなければならない。後者の点は，政府または社会保障管理運営機関にとって社会的リスクが不知である場合に支払うべき社会保障給付に妥当するのみならず，不思議なことではあるが，管理運営機関がある社会保障給付を支払う対象者や時期を決めるのに必要な情報を全て保有している場合にも妥当する。その優れた実例が，誰でも一定年齢になれば，一律かつ資力調査なしに，効力を生ずる一般的な老齢年金についても申請しなければならないことである。さらに，社会保障の管理運営機関自らの主導により受給者に支給されることになる給付が増えている。これは，通常まず社会扶助のほか，前述の厳密な意味での老齢年金の例の場合に妥当するであろう。給付に申請が必要な場合，受給者になりうる者であるにもかかわらず，受給資格を失う者が，明らかに存在する。これは，全くの無知のためであったり，給付を求めるには自尊心が強すぎたりするなどが原因である。その結果は，給付の資格を有する者によるいわゆる給付の「未請求（non-take-up）」といわれるものである。残念ながら，人口のうち最も貧困で社会的に疎外された部分がこの現象の最大の被害者である。

　通常，社会保障給付は，申請より前の期間について請求することができない。しかし，時にはそれも可能である。従前に支払われるべき社会保障給付をまだ請求できる場合，そのような申請には，一定の遡及の制限により，制約が課せられる。

　社会保障給付の申請がそれを受け取る権限を有しない管理運営機関に対して送付された場合には，特別な問題がある。そのような場合には，社会保障法は，そのような管理運営機関に対して，必要な権限を有する機関を教示することを義務付けることがよくある。当事者に過大な負荷をかけることがないよう，社会保障法は，権限を有しない管理運営機関に対して，申請を権限ある機関に自ら転送することを義務付け，それによって（仮想的には），当事者が直ちに権限ある機関に申請したとみなすことがある。そのような場合には，申請の

多元的効力（polyvalence of the application）ということができる。

　極めて多くの社会保険制度は、申請者が国外に居住している場合には、支給すべき給付の支払を拒絶している。しかしながら、国際的規則は、そのような規定と食い違うことが時々ある。その場合には、国際的規則は、社会保障給付を国外に送付することを命ずる。

　特別な場合には、社会保障給付は、受給資格者ではなく、代わりに別の人に支払われる。職域の社会保険制度における児童手当は、典型例である。すなわち、給付は、社会保険の被保険者である父親や母親よりも、実際に子供の養育に当たる人に支払われることがあり得るし、これは、その人が当該社会保険の適用範囲に属していない場合であってもそうである。

既得権の尊重とその限界

　「既得権（acquired rights）」の尊重とその限界は、社会保障法における最も興味深い論点の一つである。これら「既得権」はたいていの場合、既に主観的権利として存在している社会保障給付の受給資格のみならず、後々の給付の受給資格に対する正当な期待をも意味する。それでは、そのような「既得権」が、それが基礎を置く社会保障法の中の改正に対してどの程度まで保護されるかについて検討しよう。立法者は、従来の立法を改正することに関して、原則として自由である。これは、社会保障にも当てはまる。しかしながら、社会保障の取決めに対する変更が、たいていの場合、漸進的でなければならないことは、極めて明白である。それに加え、その変更は、たいていの場合、最大限の慎重さをもって実現される。しばしば、長期間の経過期間が設定され、従前の規定の下で獲得された権利は一時的に保護され、改正は新規の事例のみに適用されることになる。さらに、いくつかの国では、社会保険の被保険者が保険料を支払って獲得した権利は、財産権または正当な期待の尊重に関する憲法上の規定の下で、法的な保護を受けることになる。

社会保障給付における差別取扱いと平等権

　社会保障給付は，差別なく配分されるべきである。問題は，明らかに，どのような時であれば社会保険制度が正当に様々な集団を区別することになるのか，そして，どのような時であれば不当に区別することになるのかということである。我々は，既に社会保障制度がその国民と外国人とを時々区別して扱っていることに言及した。また，社会保障法にとって，制度の人的適用範囲を記述するのに，年齢の限界を用いることも極めて一般的である。退職年金または老齢年金を受け取るために，仕事を辞めることを条件とすることは，年齢を基準とする違法な差別であるとみなされる国が存在する。ジェンダーに基づく直接的な差別は，ほとんどの社会保障制度でなくなっているが，女性に有利な例外が遺族保障制度，年金制度および家族給付制度の中に依然として現存する。ジェンダーによる間接差別，すなわちジェンダーに基づかない基準の使用による事実上の差別も，しばしば女性に不利な形でもって，依然として極めて一般的である。

　異なる宗教または信条の人々を社会保障において不平等に取り扱うことは，明らかに，全く間違っているとみなされる。しかしながら，ある特定の信条を有する人，例えば，宗教上または哲学上の信条からある仕事を拒否するような人は，不利な結果となりがちである。我々の考えでは，社会保障は，このような類の状況において，次のような均衡を追求すべきである。すなわち，社会保障法は殉教者を出すことも，また特定の信条を選択することからふりかかる負担を，その信条を持つ人に代わって，支えることもなすべきではない，ということである。

　社会保障法によって婚姻している人と同棲している人とを平等に扱うことは，国によっては，憲法上の婚姻制度の規定によって妨げられている。他方，法律が同一の生計を営む配偶者と，同様に同一の生計を営む異性または同性の人とを，同等に扱うことを希求する国もある。さらに他の国においては，このような均等化は，結婚していないカップルのためではなく，不利に機能するだけというところもあろう。結婚していないパートナーが結婚しているパート

ナーと同じ地位に置かれる場合には，パートナーの関係の存在を（そしておそらくその終了も）確認する手続きを見出さなければならないことを，ここでは注意しなければならない。そのため，登録制度が使用されるかもしれない。

国によっては，都市住民と地方住民との間で，法的でないにしても事実上の不平等な取扱いが依然存在する。地方住民は，より低い給付で我慢する，またはより制限的な保健医療しか受けられないことが時々ある。

反社会的行動に対する給付制限

最後の特別な問題は，さらに議論を必要とするが，それは社会保障給付の支給とモラルに関する問題である。問題が非常に明瞭に持ち上がるのは，社会にとってあるまじき行動を示した者に，社会保障給付の受給資格を保持させておくべきか否かを決めなければならないときである。この問題に対する答えは，次の二つの極の間のどこかに存在するはずである。一方において，最も反社会的に行動した者が（たぶん高額の）社会保障給付を受け取るという事実を国民はよくは思わない。他方において，社会保障は，積極的にも消極的にも，制裁の役目をするものではない。如何なる反社会的行動も，罰せられるべきものは，起訴されるべきである。被告人は，刑事法廷において刑の宣告をうけるべきである。同じような刑の宣告を行うことが，社会保障の責務ではないし，同じ事実に再び制裁を科す必要もない。次の段落では，たいていの社会保障制度において，このモラルの問題が実際どのように扱われているかを検討する。

敵に協力したり，自国民の弾圧に積極的に加担したりした個人は，年金権を始めとする自らの社会保障の権利を剥奪されたり，最低限ではないにしても低い水準に減額されることがある。刑事法廷で刑を宣告された者は，その拘禁中，通常は資格を有するであろう（定期的な）社会保障給付をたいていは受けられない。しかし，その出獄後は，再び給付を受け始められるであろう。自らの過誤で社会的リスクを発生させた人は，給付を受給する目的で故意にその社会的リスクを生じさせた場合には，社会保障給付を受けることはできない。しかしながら，過誤が給付を受け取る意図と関係ない場合には，社会保障として

は，状況を悪化させるものがなければ，行政的な制裁（停止，減額）を恐らく伴いつつ，今までのところ給付に対する資格は承認するであろう。しかしながら，多くの国においては，社会的リスクの発生が罰すべき行為に起因する場合には，また，飲酒の習慣もしくは（報酬を受けて）過度の危険を引き受けることによって生じた場合には，給付は拒絶されるであろう。最後に，社会保障法は，自殺および自殺未遂に対して多様な対応を含んでいるが，この点に関しては，ほとんどの場合，社会保障給付の支給の拒絶は，人道的な社会保障政策と整合的でないことが，容易に受け入れられるかもしれない。

第7章
老　　　齢

老齢のリスクの特殊性

　「老齢（old age）」の社会的リスクを記述することは，最初に考える以上に難しいことである。大体のところ，老齢のリスクは，ある人が一定年齢になれば，もはや生活の維持のために働くことが可能でも適当でもないという前提の下で構築されている。つまり，（老齢年金であれば）一定の年齢に達した人々に対して，また，（退職年金であれば）一定の年齢に達した後，職業活動をやめた人々に対して，社会保障制度から所得代替給付を支給することである。時には，一定年齢に達したことを（年長者年金のように）きわだった支給要件とするよりも，むしろ，ある人が長い年数にわたり社会保険に加入してきたこと，働いてきたこと，あるいは保険料を支払ってきたことという事実の方が，考慮に入れられる。この関係の文献では，老齢年金，退職年金および年長者年金という概念が，よく相互に代替して使用されるが，なかでも老齢年金という用語がより一般的な意味をもって使用される。本書でも，特段言及しない場合には，同様の使い方をすることにする。

　この点に関して留意すべきは，老齢年金はそれ自体として高齢に達したことに関連する特別な費用を補塡することを目的としていないことである。より高齢の人，すなわち，日常生活上の行動において他人の支援を必要とする人に対する援助のニーズに関する費用の保障は，後に議論するケア制度（第13章参照）の検討対象である。

第7章 老　　齢

　「老齢」という事故は，特別な問題を惹起する。それは，この社会的リスクの保障を充足していく方法に影響する問題である。この社会的リスクは，老齢年金に関して長期的な決定が行われることを意味している。そして，現在の政治の責任者によって為されるその決定は，それらの政治家がすでにいなくなっている将来において背負うことになる負担を生じさせるものである。これは世代間連帯の必要性を十分に例証するものであって，第15章においてより詳細に検討することとする。高齢世代は，伝統的には，社会の中で社会政治的な絆が弱い世代である。しかし，この点に関しては，高齢者集団が人口的に増大するとともに，その結果，政治的にもますます重要となる時代となったことも相まって，今日，変化をみてとることができる。さらに，高齢化は老齢年金制度に対して増大する圧力の要因となっているとともに，その一方で，何年か前には多くの国において，老齢年金の受給年齢を下げる可能性が設けられ，そうすることで労働市場に膨大な若年失業者のための余地を創り出すことが期待された。

老齢のリスクの保障方法

　老齢の社会的リスクは，通常，様々な段階において保障されている。例えば，一定の年齢に達し，かつ人たるに値する生存の手段を欠いている人々は，一般的には，最低生活水準の給付を支給する扶助制度を利用することができるであろう。この点は，一般的な扶助制度が存在しない国についても妥当する。

　それに加えて，老齢のリスクは，いわゆる3階建てによる給付によって保障されることが多い。そのうち1階が（強制または任意の）法定制度，2階が集団的な協定（collective arrangement）に基づき創設された（強制または任意の）年金制度への加入，そして3階が個人単位の民間年金制度である。明らかに，1階があまり発達していない場合には，2階および3階が重要性を増し，その逆に1階が発達している場合には，2階および3階の重要性が低くなる。2階の広く採用されている要件および金額は，1階で採られている要件および金額に直接接ぎ木されたものであることが時々ある。このような場合，法定の社会保険

老齢年金制度で何らかの改革があったときには，このような集団的な社会保険制度にも深刻な問題を生じさせる。このことは，例えば，集団的制度がその加入者に対して，（法定年金＋集団的制度年金により）最終俸給の一定割合を支給するという完全な老齢保障を行っている場合であって，かつ法定年金の金額が引き下げられた時に，当てはまる問題である。法定の社会保険年金制度の内部においても階層化はあり得ることであり，典型的には，全ての被保険者に適用される普遍的な基礎年金と職域を基礎とする社会保険年金の両方が存在する場合である。しかし，そのような場合，基礎的年金を職域により制度化された社会保険に統合することは，ほとんど問題を生じさせない。

　国によっては，議会が，直接補助，政府保証，あらゆる種類の税制優遇，等々の形式を通じて支援することにより，2階および3階の老齢給付制度の創設を促進している。例外的であるが，補完的な年金制度を少なくとも質的には2階または3階の制度として位置付けることにより，強制的で補完的な法定年金社会保険をそのままにしておくことが可能である。政府が2階または3階の年金制度に加入する人々に対して多くの優遇措置（とりわけ税制上の措置）を付与するとき，多くの場合，これらの措置による逆再配分的な効果をみてとることができる。

　年金制度は，積立方式の原理，賦課方式の原理または概念上保険料を積み立てる帳簿記録保存方式によって運営することができる。第15章において，これらの制度をより詳細に分析することになる。法定年金制度の中には，部分的には賦課方式，また部分的には積立方式というような混合方式によって運営されるものもある。多くの途上国においては，老齢年金は，ある人が退職年齢に達した際に一時金の支払いの形態をとることがあり得る。しかしながら，我々は，概して定期金による支給を扱うことにする。

年金の金額の決定要素

　老齢年金の金額は，定額制で決められるか，または従前の稼働所得に比例して決められる。前者が一般的に厳密な意味での（*stricto sensu*）老齢年金に当て

はまるのに対して，後者は多くの場合に退職年金制度に当てはまる。

所得比例年金と定額年金の何れの金額も，次の要素によって定められる。
○年金開始時の受給者の年齢
○制度への加入期間
○職業活動が営まれていた部門
○被扶養の配偶者および（または）子どもの有無
○対象者が他の資産または所得の源泉を有しているか否かの問題

定額で設計された老齢年金に関する限りでは，その基本的な金額は，政治的な事情または外的な要素によって決まってくることがある。

所得比例の老齢年金に関する限りでは，従前の稼得との関係は，明らかに，多様な方法で設計され得る。

それでは，これらの要素のそれぞれについてより詳細にみていこう。

老齢給付の支給開始年齢

老齢給付は，既に述べたように，人が一定年齢，年金退職年齢に達した時点またはそれ以降に効力を生じる。年金退職年齢は，60歳と65歳の間にあることが多いが，様々な国においてその年齢も多様なものになっている。いくつかの国においては，男性は女性より高い退職年齢に服することになっており，その差は一般に5歳程度である。他の国には，もはや特定の固定された年齢で退職するのではなく，より長い時間的間隔（例えば，5年）内に退職するということを意味するいわゆる「弾力的（flexible）」退職年齢が見られる。また，国によっては，人々は，正規の退職年齢において受給資格を有することになる満額の年金を部分的に犠牲にすることをいとわなければ，（弾力的退職年齢制か否かにかかわらず）その退職年齢に到達する前に退職することができる。このような減額は，通常，ある人が年金を前倒しした月数または年数に応じて，その人が受給資格を有する年金の一定割合に相当する額とされる。反対に，正規の退職年齢よりも何年も後に退職した人には割増が行われることがある。この割増は，繰り下げた年数に応じた一定割合とされるが，単に正規の退職年齢到達と

実際の年金給付の受け取りとの間の年数が加入年数に算入される（例えば，受給資格を得るのに必要な最小限の年数を満たすために）ということもあり得る。

最近になり，法定年金制度の中には，別の視点から退職者の年齢を勘案するものも出てきた。すなわち，年金の金額が支給開始時の平均余命に応じて決められるのである。その平均余命は，個人ごとに（例えば健康状態に応じて）設定されるわけではなく，全人口について設定される。一般的にいえば，男女の平均余命の差は考慮に入れられない。

年金制度への加入期間

老齢年金の受給資格とそれに対応した給付金額は，何れも，その人が制度に加入した年数，すなわち働いた期間，居住した期間，被保険者であった期間，保険料を拠出した期間，あるいはまた，別の方法により加入していたとされた期間に直接依存する。

明らかに，居住期間は全ての居住者を対象とする普遍的制度に特に関係が深いのに対して，ある人の職歴は職域を基礎とする制度にとって特に重要である。しかしながら，多くの国において，対象者が居住，労働，保険または拠出記録に関する一般的な要件を満たさない期間であっても，一定の期間については（擬制的に）要件を満たすものとして見なされ，その結果，加入期間に算入されている。時には，擬制的な年数は，加入していた実際の期間の上に単に「ボーナス」として上乗せされる。あらゆる種類の社会的な配慮によって動機付けられた，このような擬制的な年数の使用は，ある人が追加的な要件を満たすことを条件とすることが時としてある。一定年齢（例えば，成人年齢）以降に勉学していた年数，自分の小さな子どもを育てるために家にいた年数，兵役や戦争捕虜の年数，服役や政治亡命の年数，病気や失業の年数がそれである。これらについては，期間に応じた保険料を事後的に支払ったことを条件にすることが時々はあるにしても，全て擬制的な年数の上乗せを生じさせる。明らかに，擬制的な期間を承認することは，このような対応により特別な社会的目的を追求することに寄与する。しかしながら，非常に多くの擬制的な年数を考慮

に入れることは，年金制度の理論と財政均衡の双方にとって有害である。財政負担については，対象者またはその事業主以外の者に，その期間に対応する保険料を支払わせることで軽減または除去できる。このように，国家または社会保障機関は，年金制度のための社会保障保険料の負担者として関与することになり得る。

擬制的な年数が考慮される場合には，その年数が実際の加入年数と全く同じに扱われることも，あるいは，単に一定の要件または計算に関係する限りで勘案されることもある。

かなり多くの国においては，年金給付自体の受給資格は，最低加入年数を条件としている。この最低限の記録を満たすことのできない人は，老齢年金の権利を獲得することができない。支払われた保険料は，時として本人に返還されるが，このことは，とりわけ社会保険の被保険者本人によって支払われた保険料の場合に妥当する。しかしながら，このような保険料の返還は，常に行われるわけではない。

退職年齢に達した以降の，追加的な加入期間を考慮に入れることは多くの場合に不可能であると証明できることが多い。なぜなら，退職年齢に達した場合には，もはや社会保険の人的な適用対象範囲に入らないことが多いからである。退職年齢に達した後も働き続けており，自らの老齢年金を未だ受給していない人は，そのようなわけで社会的保護が乏しい状態に結局陥るかもしれない。さらにいうと，退職年齢に達する前に年金制度への加入を取りやめた人は，その人がその退職年齢に到達した際にはじめて老齢年金を受け取ることになる。

完全な老齢年金を受給する要件は，加入期間が一般的には35から50年に及ぶ完全な職業履歴に到達することである場合が多い。年金の受給資格を得るのに必要な最低限の加入期間を満たすものの，完全な老齢年金に必要な加入年数に到達できなかった人々に対しては，期間比例の年金が支給される。

退職年齢を決める代わりに，例外的に，年金制度は，長年の加入年数を満たした後に年金の受給資格を付与することがある（年長者年金）。

特に過重で危険な職業活動の取扱い

　国によっては，退職年齢および加入年数に関する一般的な要件規定は，特に過重で，危険な，かつ年齢に関係がある職業活動に従事したと考えられる人々に対しては，適用が除外される。例えば，鉱内員，バレエダンサー，パイロット，警察官，刑務所の看守およびプロスポーツ選手は，しばしば，このようにして，より低い年齢および比較的短い加入年数で老齢年金を受給することができる。国によっては，多くの子どもを産んだ女性についても，同様の扱いが存在する。そのような次第で，上記の類型の人々については，擬制的な加入年数が考慮に入れられるだけでなく，年齢および加入年数に関してより有利な要件が付与されることがある。

被扶養者の取扱い

　多くの国では，老齢年金の金額は，年金の受給資格者によって扶養されると認定される者の数にも依存する。受給資格者は被扶養の配偶者または子どもがいる場合，金額は受給資格者が単身の場合よりも高くなる。受給資格者が，就労所得または所得代替給付を有する配偶者，すなわち被扶養者でない配偶者と一緒に生活している場合，金額は低くなる。しかし，年金の基本額は，全ての人について同額である場合もある。そのような場合には，家族類型による調整は，付加的な手当の支給によって行われる。

所得・退職等の要件

　社会保険制度による老齢年金は，原則として資力調査（means test）または所得調査（income test）の対象とならない。これに対して，社会扶助的な性格を有する老齢年金は，通常，そのような調査の対象となる。それにもかかわらず，年金の受給資格を有する者の所得は，社会保険制度においても考慮の対象となることが時々ある。例えば，付加的な手当またはより高額の「家族年金（family pensions）」の支給は，しばしば，配偶者または年金の受給資格者本人の資産，所得または収入を条件としている。

第7章 老　　齢

　既に述べたように，（厳密な意味での）退職年金の支給は，その人の職業活動の停止を要件としている。この場合，概して，退職年金の支給開始後に働くことを許されておらず，これは如何なる給与水準でも許されない。しかしながら，全ての年金制度は，「許容された労働（permitted labour）」，すなわち，退職年金の受給者が依然として行うことができるある種の労働の余地を設けている。これは，多くの場合，軽微な経費の補塡的性格の支払を受けて行われる労働とともに，申告された無報酬の労働（ボランティア労働）を含む。国によっては，許容された労働の範囲は，退職年金を受給している者が問題となる年金を保持しながら依然稼ぐことができる金額として公式化されている。報酬がこの金額を超える場合には，年金は，該当する年金制度に応じて，停止されるか，減額の対象となる。

　明らかに，有償の労働の停止という要件は，支給される退職年金の金額が，受給者およびその被扶養者にとって人たるに値する生活を営むのに十分可能な金額である場合にのみ合理的な規定である。

　国によっては，今日，部分的な退職の可能性を提供している。これは，一定年齢（一般的には，現在の退職年齢より若い年齢）に達した人がその就労を減らし（例えば，50％），減らした分だけ，既にその老齢年金を受給し始めることを意味する。この部分的退職が現役生活と老齢年金との間の移行を容易にすることは，ほとんど疑いもない。そして，これは（例えば，年金受給者の後継者の訓練に関して）関係する企業にとっても好都合である。

老齢年金の金額の決定要素

　老齢年金が定額により設定されている場合，その金額は，何が公正で実施可能かという政策決定者の判断に従って決定される。しかし，その決定は，しばしば，多くの要素（パラメータ）とも法的に結び付いている。例えば，最低賃金，平均賃金，または平均稼働所得が引き合いに出されるかもしれない。あるいは，購買力に関連するデータも参照され得る。

　老齢年金の金額が従前の稼働所得を基礎に決定される場合には，両方の変数

の関係は様々な方法で設定できる。次のようなデータが計算の基礎となりうる。すなわち，直近の賃金または報酬，実際の退職または退職年齢への到達から遡るところの一定期間（例えば，5年）の賃金または報酬，退職または退職年齢への到達から遡るところの一定期間（例えば，5年）の範囲で当事者によって選択される一定期間（例えば，3年）の賃金または報酬，あるいは，年金制度への加入期間全体の賃金または報酬である。一般的には，保険料拠出の対象となった報酬のみが勘案される。

　中には，所得との関係性が適用されないか，または本当には適用されないケースもある。それは，老齢給付が昔支払われた保険料を基礎に計算される場合であって，かつ昔支払われた保険料そのものが所得に応じたものでなかった場合，あるいは，（原則として所得比例の）支払われた保険料の正確性が確認されていない場合である。

　大半の制度では，完全な老齢年金について，直接的にせよ間接的（典型的には，計算式を操作することにより）にせよ，金額の上下限が決められている。その結果，職業人生の全期間を働いた（さもなければ，老齢年金の権利を獲得するのに必要な最低加入期間を満たした）人であって，かつ，通常の規則に従って計算された老齢年金が一定の決まった金額に達しない人であれば誰でも，最低限度の年金が支給される。最高限度の年金については，通常の計算方法に従った場合に，一定の上限を超える老齢給付を受ける資格を有することになる者であれば，誰でもその老齢年金はその上限まで引き下げられることになる。このようにして，上下限の年金により，低所得の年金受給者に対して給付の再分配が行われる。これは，保険料が完全に実際の所得に基づき支払われている場合にはっきりと妥当する。

　計算の基礎は，全加入年数ではなく職業活動の最後の期間のみを勘案する場合の方が平均的には高くなる。この点については，（実際支払われる）報酬は職業人生の最初や途中の段階よりも最後の方が相対的に高い国が大半であることから，仮に長年の間の通貨価値の下落を考慮に入れるために各年の計算の基礎を再評価する場合でも妥当する。

第7章 老　齢

　年金の中には，報酬に全く関係付けられていないものもある。その代わりに，純粋に従前支払われた保険料の相関関係において，年金が設定されている。これは，一般的には積立方式により運営されている年金制度の場合に当てはまる。その場合には，年金額は，制度運営の費用（加えて，おそらくは私的年金の運営者の利益）を控除した後，基金の投資の結果得られる利益・損失の相関関係で決められる。

年金通算の取扱い
　人々が異なる年金制度に同時に加入しているか，あるいは，その連続する人生の各段階で異なる年金制度に加入している場合には，年金を実際に申請するときになって問題が生ずるかもしれない。これは，職域を基礎とする強制加入による法定の社会保険年金制度でも，職域，業種または部門を基礎とする集団的な協定による制度でも発生する。法定の社会保険制度に関する限り，立法者は，ほとんどの場合に適切な手続を規定している。すなわち，それは，獲得された権利または形成途上にある権利を最も一般的な制度で吸収することや，合算および按分による方式，あるいは，数多くの併給禁止原則を規定することによって行われる。しかしながら，職域，業種または部門を基礎とする集団的な協定による制度において，このような措置をとることは，一層困難である。このため問題は依然残り，その悪影響として文献上知られているのが，いわゆる「年金権の非移管性（non-transferability）」である。
　老齢年金と失業給付との間に位置する給付も存在する。それらについては，第10章で詳細に検討されるであろう。

第8章
死　　亡

　　稼ぎ手の喪失のリスク
　ある一人の人間の死亡は，しばしば他の者の収入源の喪失につながるものである。したがって，このことは，個人の死亡の社会的リスク，あるいは，視点を変えれば，他の者の「生存」または「後に残されること」の社会的リスクとしての認識につながるものである。家庭内における伝統的な役割モデルは，この点において最初に言及すべき点であった。つまり，一方で，有償労働による所得（つまり，稼働所得）を生み出す稼ぎ手が存在し，他方で，「扶養される」配偶者と子どもが存在するということである。稼ぎ手の喪失が社会保障制度により補われなければならないことは明白であった。寡婦年金は，その目的に資するものであった。例外的な場合にのみ，寡夫年金という形態が見られた。つまり，男性が，不健康な状態のため，稼ぎ手の地位を占めることができず，その代わりにその役割を与えられた女性が死亡した場合にのみ，寡夫年金という形態が見られたのである。このような性による不平等は，いくつかの国において依然として存在しているが，一般的には，寡婦（夫）年金については，次第に（平等な条件の下で），両配偶者に対する裁定が行われるようになってきている。さらに，両親を亡くした子ども（つまり，孤児）あるいは両親の一人を亡くした子ども（つまり，半孤児 semi-orphans）も受給資格を有している。ただし，その給付については，関係する社会保障制度によって，その分類の仕方が様々である。

第8章 死　　亡

　遺族給付は，一般的には，死亡した者の労働所得に依存していた遺族のために所得の代替を保障することを目的とするものである。つまり，関係する遺族が自ら稼働所得を得ることが期待できない限りにおいて，この考え方を当てはめることができる。

期間調整給付の考え方

　自由社会においては，男性であれ女性であれ，各成人に対し，自らの労働により所得を得なければならないことが期待される限りにおいて（そして，家庭内における労働の様々な分配についての配偶者間の合意が社会における責務に影響を及ぼさない限りにおいて），後に残された配偶者のために所得の代替を提供する必要性は，死亡後の比較的短期間に限定されることができる。換言すれば，給付は，後に残された配偶者が労働市場に参加する方途を見つけることを可能とする暫定的な期間に限られるであろう。この点については，時として，期間調整給付が利用される。したがって，いくつかの国においては，孤児給付及び調整給付のみが見られる。つまり，遺族が暫定期間の終了までに職を見つけられなかったとすれば，失業給付や扶助給付のような他の給付の受給資格を得ることができるのである。

遺族給付の支給要件

　しかしながら，ほとんどの国においては，遺族給付は，調整給付に加えて（調整給付と区別されるか否かにかかわらず），後に残された配偶者に支給されるものである。

　遺族給付の受給資格を得るためには，一定の条件を満たさなければならない。一般に，これらの条件は，死亡した者との関係，遺族の年齢，遺族の労働不能の可能性，遺族の家庭に特有の状況に関係し，時として，遺族の生存に必要な資力にも関連するであろう。以下，これらの条件の詳細について，それぞれ見ていくこととしよう。

死亡した者との関係

　まず，後に残された配偶者と死亡した者との関係に関する一連の条件がある。一般的なルールとしては，まず，死亡時点において，両者が実際に結婚していたことが必要であろう。しかしながら，時として，相当程度継続している一定の形態の共同生活は，婚姻と同等のものとされるであろう。

　死亡した者が元の配偶者を扶養する責任（扶養料を支払う責任）を有していた場合，事情は，特に複雑かもしれない。実際，そのような場合，死亡時点で婚姻が既に解消されていたという事実にかかわらず，死亡は，収入源の喪失の原因にもなる。それで，後に残された者は，擬似寡婦（夫）と呼ぶことができるであろう。いくつかの国においては，一定の条件の下で，擬似寡婦（夫）が遺族給付についても受給資格を有するような形で社会保障が整備されている。そこで，この場合の遺族給付の受給資格に関する裁定は，時として，離婚が相続に及ぼす結果について判決を下す裁判所に任されるであろう。擬似寡婦（夫）が遺族年金を受給する場合，これは，多くの場合，本来の寡婦（夫）の遺族給付の削減につながるであろう。つまり，その点については，婚姻期間比例配分 (pro rata temporis matrimonii) が最も一般的なことのようである。職業を基礎として設立されたいくつかの制度は，離婚に起因する問題に対する代替的な補償を提供している。配偶者に対して派生的な権利（つまり，遺族給付）を付与する代わりに，これらの制度においては，働きに出る配偶者の稼働所得の一部について，もう一方の配偶者の稼働所得であるかのようにみなすことができる。そして，それらの稼働所得をそのようなものとして考慮し，もう一方の配偶者が退職年齢に達した時に，相当する老齢年金の受給権を請求することができるようにしている。

　死亡時点において配偶者が婚姻関係にあるという条件に加えて，さらに，婚姻が一定期間（たとえば，1年間）継続していなければならない，または，子どもはその婚姻において生まれたものでなければならないということを条件とすることも可能である。

　また，死亡した者，またはその遺族は，死亡時点において，遺族給付制度の

第8章 死　　亡

人的な適用対象範囲になければならないということも要求されるかもしれない。もっとも，ほとんどの場合，死亡した者がこの条件を満たしていたことで十分であろう。

　　年　　齢

　年齢は，もう一つの重要な要素である。つまり，一般的に，遺族給付は，一定の年齢に達している寡婦または寡夫にのみ給付することができる。つまり，一定の年齢とは，労働市場への（再）参入がもはや期待されない人生の段階に達していることであり，これは，しばしば，およそ40歳を意味するであろう。元々，これと同じ年齢は，他の事項を考慮して設定されたものである。つまり，一定の年齢においては，寡婦は子どもをもうけることが不可能になり，そして新たな夫を見つけることが困難になるであろうということである。配偶者の死亡時点において年齢に関するこの条件を満たさない者は誰でも，実際にその年齢に達した時点で遺族給付の受給資格を有することとなる。労働不能の寡婦（夫），および（または），扶養している子どもがいる寡婦（夫），あるいは，過去に一定の数の子どもを育てた寡婦（夫）のため，年齢に関する最低限の条件は，しばしば緩和され，時として，撤廃されることすらある。

　遺族給付は，期間の制限なく支給され得るものであるが，一定の年齢に達した時点で終了されるかもしれない。その一定の年齢とは，通常，自らの老齢年金の受給権を取得する年齢である。しかし，一定年齢に到達したことによる遺族給付の終了ということは，いくつかの国においては当てはまらないかもしれない。つまり，それらの国においては，むしろ，自らの老齢年金と遺族給付の併給を制限し，あるいは，認めない特別のルールによるであろう。

　　遺族の再婚

　遺族が，新たな家族生活を始める場合，その者のための所得の代替の必要性はなくなるかもしれない。したがって，ほとんどの遺族給付制度においては，遺族が再婚した場合，所得の代替は終了することとなっている。

資力調査

遺族給付が，社会扶助の要素を含む場合，資力調査の対象となるであろう。

遺族年金と老齢年金

遺族給付は，通常，長期にわたる定期的な手当，つまり，（遺族）年金の形態をとる。したがって，老齢年金および遺族年金は，非常に多くの場合，同一の年金制度の一部であるであろう。結果として，遺族年金の受給権および額に関するルールは，老齢年金について設定されたルールと類似のものである。また，在職要件については，ほとんどの場合，遺族給付にも適用されるかもしれない。

遺族年金は，通常，死亡した者が，受給資格を有し，あるいは有したであろう老齢年金の一定割合として表現されるであろう。受給資格を有したであろう老齢年金の一定割合とは，時として，死亡した者が退職年齢に達していた場合に死亡時点で受け取っていたであろう年金額のことを言うものであり，あるいは，より多くの場合，死亡と退職年齢の間の期間を（仮想の）加入期間とみなした場合に死亡した者が受給資格を有したであろう老齢年金額のことを言うものである。

当然のことながら，遺族給付は，老齢年金を参照することなく設定することも可能である。その代わりとして，以前の稼働所得あるいは保険料に直接関連させて計算された定期の支払いとして構成するか，あるいは，一定額として設定することも可能である。

調整給付の受給

遺族給付の受給資格を有しないか，もはや有していない者（例えば，再婚した，あるいは，年齢要件を満たさない，あるいは，その子どもがもはや扶養されていないため）は，一般的に，より短期間（例えば，1年）において，調整給付を受給することができるであろう。調整給付の額は，通常，遺族給付の額に相当するであろう。

孤児等の受給資格

両親ともいない孤児あるいは両親の一方がいない孤児（semi-orphans）も受給資格を有し，その給付については，関係する社会保障制度によって異なる仕方で分類されるであろう。後に残された配偶者の場合のように，孤児は，遺族年金を請求することができるかもしれず，それは，通常，彼らが労働市場に参入する方途を見つけることができるまで請求可能であろう。しかし，彼らは家族給付における特別孤児給付の受給資格も有するかもしれず，あるいは，通常の家族給付に加えて，特別手当の受給資格も有するかもしれない。

死亡した者の被扶養配偶者あるいは子どものほかに，他の同居被扶養者（父母，祖父母，兄弟姉妹など）も，社会保障制度によっては，受給資格を有するかもしれない。遺族給付の受給資格を有する者の間の階層も存在し得る。後に残された配偶者および子どもが最初に来て，父母，兄弟姉妹などがそれに続くであろう。遺族給付の額が，死亡した者の稼働所得の一定割合として表現される場合，一般に，遺族に支給されるすべての給付の総額は，参照所得の一定割合（一般的に100パーセント）を超えてはならないと規定されるであろう。

民間保険

民間保険においては，被保険者（であり後に死亡することとなる者）は，自由に遺族年金の受取人を指名することができるようになってきている。その者が結婚していない場合，特にそうである。

葬祭給付

一人の人間の死亡は，他の者の収入源の喪失の原因となるばかりでなく，特別の出費も意味する。したがって，当初の段階から，社会保障は，葬祭費（の一部）を補塡することに大きな関心を持ってきた。一般的に，そのような葬祭給付は，定額の一括払いであり，実際に葬祭費用を支出した者に支給されるであろう。

労働災害補償

　死亡が，労働災害あるいは職業病に起因する場合，職業上のリスクに対する保険の制度は，一般に，後に残された配偶者，子ども，そして（場合により）その制度により示されたそれ以外の者に対する補償を提供するであろう。この手当は，通常，遺族に支給される一般的な給付よりも厳しくない条件（例えば，婚姻期間，再婚の影響，在職要件，年齢などに関する限り）で支給されるであろう。

経過措置的給付

　最後に，既に定期的な社会保障給付を受けた人が死亡した場合，その給付は，しばしば，その者の死亡の後に，もう一度，あるいは複数回にわたってさえも，支給されるであろうことを注記しておかなければならない。

第9章
労働不能

労働不能に関する給付

人々は病気になったり，事故の犠牲になったりすることがありうる。このことは，これらの人々が生活を労働に依存しているときは，（完全または部分的な）所得喪失につながるかもしれない。このため，社会保障は，これらの人々に対して，所得代替である「労働不能（incapacity for work）」に関する給付を支給するのである。

稼得能力の喪失の判断基準——「標準となる者」の概念

しかしながら，（医学的に診断される）すべての形態の健康上の損害が労働不能と判断されるわけではない。実際には，稼得能力の喪失が証明され得る場合にだけ，すなわち，当該の「標準となる者（reference person）」（労働不能の有無を判断する標準として想定される——訳注）が稼ぐことができる収入を，当事者は，病気や事故のために，もはや得ることができないと証明され得る場合にだけ，通例，労働不能であるとされるのである。この標準となる者という概念は，当事者と比較することが可能な者であって，病気や事故の影響を受けておらず，職業という点では当事者と（時として）類似している（抽象的な）人間を意味する。その職業上の類似性は完全同一であることもあり得る。つまり，完全同一である場合の，標準となる者とは，その人が健康上の損害を受ける前のその人自身である（あるいは，病気になったり事故にあったりしなければ，なってい

たであろうその人である）ということになる。当該の労働不能者と標準となる者とのこの同一性は，労働不能の最初の短期間（例えば最初の１カ月または３カ月，あるいは１年という短期間）の場合に，見出されることが多い。職業上の類似性はまた部分的であることもあり得る。つまり，類似性が部分的である場合の，標準となる者とは，当事者と同等の職業経験，同じ教育および（または）訓練，同じ仕事の分野および（または）同じ実際の職業をもった者ということになる。しかし類似性は，むしろ薄弱であるか，あるいは存在しないこともまたあり得る。つまり，この場合の，標準となる者とは，当事者が被っている正にその病気や事故の影響を受けていない者（であれば同等の職業経験等は問わない者——訳注）ということとなろう。

残存する稼得能力の評価——労働市場の状況を考慮に入れるか
　そのような次第で，労働不能というためには，一般に標準となる者との比較において稼得能力を喪失していることが証明されなければならないことになる。言い換えると，健康上の不調を患っている人が，依然，自分の職業や職業上の活動分野において，あるいはその人に合理的に与えられる何らかの仕事において，どれほど稼ぐことが可能かを審査しなければならない。この点に関して，２点述べることができる。
　第１に，労働不能制度もまた（したがって失業制度だけではなく），１つまたは（たいていの場合）複数の「適職」の概念を使用することから成り立っている。すなわち，当事者はどの職業活動ならば依然行い得るのかが決定されなければならない。
　第２に，稼得能力は，労働市場において現実に置かれている状況でもって評価するか，あるいは現実の労働市場における失業状況を一切考慮しないで稼得能力を評価するか，の２つの方法で評価することができる。ある人の——その職業または産業部門，あるいは何らかの適切な職業活動における——現実の稼得能力を考慮に入れるという方法によれば，労働市場の条件が非常に不利で，求人状況があまりに劣悪である場合，些細な健康上の不調でも，そのために現

実的な雇用の機会を失うことがあるから、最も軽微な健康上の問題でさえ、完全な労働不能という評価になることが起こり得る。しかしながら、もし労働市場の状況を捨象するならば、確かに評価の作業全体がかなり仮定上のものになるであろう。なぜなら、労働の対価は大半の場合に労働市場の状況に左右されるにもかかわらず、その労働市場の状況を考慮することなしに、ある人が依然どれほど稼ぐことができるかを確認することになるからである。しかしながら、奇妙に思われるかもしれないが、大半の国では、労働市場の劣悪な状況の重圧を受けて、労働不能制度に負荷がかからないようにするとともに、労働市場が変化するたびに労働不能を再評価することを避けるために、労働不能に関して「抽象的」評価を選択している。ただ実際には、これらの労働不能の評価は、対象者が仕事を見つける現実の機会について完全に目をつむっているわけではない。

「標準となる者」の稼得能力

標準となる者と当事者（その人が事故または病気の犠牲者でないならば）が同一である場合、その標準となる者の稼得能力は容易に決定することができる。なぜなら、犠牲者が労働不能になる前の期間における現実の稼ぎを基礎にして、処理することができるからである。例えば、労働不能になる前の最終賃金または一定期間の稼ぎを考慮に入れることが可能である。自営業者については、病気が当該自営業者の所得に負の影響を既に及ぼしているにもかかわらず、その仕事を続けていることがあることから、やや長目の期間にわたる稼ぎの平均を考慮に入れた方が好都合であるかもしれない。生計を稼ぐために労働に依存しなくてはいけないけれども、しかし例えば失業や別の病気の結果、労働不能になった際に働いていない人々については、健康上の損害が発生する前に受け取っていた所得代替給付の金額を標準となる者の稼得能力の決定の中で考慮に入れるのは一般的ではないであろう。その代わりに、所得代替給付の計算の基礎として使用した稼ぎを考慮に入れることになる。必要であれば、その（計算の基礎として使用した——訳注）職業的所得の金額は、当事者が問題の疾患に冒さ

れた時点より以降に依然得ているかもしれない所得と対比可能となるよう再評価されるであろう。

労働不能程度の区分と審査手続き

　労働不能となった人の稼得能力とその標準となる者との関係は，労働不能の程度と呼ばれる。多くの国では，この程度は何パーセントという形で表されるが，そのほかの国は2つ，3つまたはそれ以上の等級や類型による分類が使用される。最も多いのは，このような分類が3類型から成るものであって，第1類型は完全な労働不能であって，かつ，他人による見守りまたは介護の必要がある人である。それに対して，第2類型は完全に不能な人であり，第3類型は部分的に不能な人である。

　労働不能の程度を決めることは全くもって容易なことではない。手続きには，次のような連続的な段階を含まなければならない。まず最初に対象者が医学的にどのような行動であれば依然なし得るのかを審査し，次にこれらの行動によってどのような職業活動なら依然なし得るかを審査し，最後にこれらの職業活動によってどのような所得が発生し得るのかを審査しなければならない。審査に当たっては，医師のほかに労働および賃金の両方の専門家の参加が含まれなければならない。国によっては，このような協力が法律によって義務づけられている。しかしながら，実際には，ほとんどすべての国において，医師が不能の程度の評価の大半をこなしている。このことは，時には，不能程度を区分する基準表，すなわち不能の割合を傷病（例えば指の欠損，喘息等）ごとに決定するリストを使用することにつながる。

　国によっては，労働不能の割合は百パーセントより大きくなることがあるが，これは，ある人が生活能力の喪失（自律の喪失）のうえに，普通の生活を送るために，他人による介護が必要であることを意味する。

　労働不能制度は，生活するために労働に依存せざるを得ない人々が病気や事故のために稼得能力を喪失した場合にだけ，その人々に対して所得の代替を支給するにとどまることが多い。そのため，多くの制度において，ある人が老齢

年金の受給者になり得る場合，あるいは傷病の発生の際にいかなる職業活動も行わないことを自主的に選択していた場合には，労働不能の給付に関しては資格の対象外となる。しかし，これに対して例えば失業者であればそうした労働不能の給付を請求することができる。老齢年金や退職年金制度内においては，完全または部分的な労働不能は，しばしば，早期退職という選択肢を利用できる条件となる。

初期の労働不能給付と長期の労働不能給付

大半の社会保障制度は，初期（そして期間限定）の労働不能期間と，より長期（そして潜在的に無期限）の労働不能期間とを区別している。一般に給付の条件と金額の何れも，これら両期間で異なることになる。

初期の労働不能期間において，給付はしばしば疾病給付と呼ばれる。それは，一定の日数または月数以内で不能な人および（または）従前の労働能力を再度獲得することが期待される人に対して支給される。この場合の標準となる者は，当事者が健康を害する前のその人本人であることが多い。

それより長期の労働不能においては，給付はしばしば障害給付と称される。それは，その労働不能が既に一定日数または月数継続している人および（または）確定的な（「固定した」）程度の労働不能に達したと見込まれる人に対して支給される。この場合，その人自身の職業に関係づけられた稼得能力だけではなく，適当と思われる他のすべての職業活動における稼得能力と比較することになる。

初期の待期期間

「疾病給付」は，通常従前稼いでいた職業所得との関係で決定されるが，時には労働不能の程度との関係で決定されることもある。労働不能となった正に最初の局面の間は，所得の代替を社会保障が負担しないことが，かなり頻繁にみられる。確かに，社会保障制度は，しばしば待期期間，すなわち給付に関するすべての条件を満たしている人に対してまだ給付が支給されない期間を設け

ている。被用者（公務員も）に関する限り，このような待期期間は，通常，労働法規または集団的労働協定に基づく取り決めによって使用者に義務づけられた給与の支払いによる保障の対象となっている。一連の短期の病気期間に対処するため，このような短期の所得喪失を（使用者や任意保険に転嫁するよりも）病気の人本人の負担のままとする傾向が，法律にはままみられる。自営業者（適用外の被用者も）は，通常（個人的にあるいは他の方法で）任意に自ら保険をかけることができる。

定義上，「疾病」給付は期間が限定されている。つまり，それは通常「障害」の発生の時点まで継続する。

長期の労働不能給付――障害給付の決定の方法

「障害給付」も，一般に労働不能の程度との関係で決定される。その場合，従前稼いでいた職業所得も大半は考慮に入れられる。しかし，それは様々な方法で行うことが可能である。例えば，多くの制度では，障害給付が年金であるがごとく，そして年金と同じように扱うといった形で障害給付を位置づけている。したがって，給付は老齢や遺族給付を決定するのと同じような方法で決定される。その結果，職業上の全経歴を通じて獲得された所得が考慮に入れられることになる。それでも，他の国では，障害給付は疾病給付について示された方法に沿って取り扱われることがある。

障害給付の金額は疾病給付の金額よりも低いのが通常である。また，障害給付はより頻繁に資力調査が条件となる。それに加え，障害給付を請求する人は，疾病給付と比べて頻繁に労働，居住または保険に関する記録を提示しなければならない。

障害給付は，原則として，労働不能の終了，退職または死亡の時まで継続する。

疾病給付を受けている間，その人を病気と報告した主治医によってのみ診察が行われることがしばしばある。病気のために家にいる被用者は，原則として，その使用者に対して労働不能証明書を提出することになっている。病気に

かかった自営業者の労働不能を評価することは容易ではないことから，自営業者の場合には通常その自営業を完全にやめることが求められる。それに加え，多くの制度では，自営業者に対してはより長期の待期期間を設けている。

労働不能給付の受給者による稼得の取扱い

労働不能給付の受給者がなにがしかの稼得が許されているかどうかは，ある人が不能とされている程度に依存する。完全に不能と宣言された人は，原則として，いかなる職業所得も得ることができない。それに対して，部分的に不能と宣言された人は，その人が依然として有する労働能力に応じて職業所得を得ることが可能である。実際には，これは，しばしば相当な問題を惹起することが明らかになっている。ある人がその不能の程度に従って許容されるよりも多く稼いでいるような状況にあれば，給付の減額または不能の程度の見直しが待っているはずである。それにもかかわらず，多くの制度は，この点に関して一定の寛大さ，すなわち，不能な人が労働市場に復帰しようとする試みを奨励するという意味での寛容さを示している。完全に不能な人のすべての稼得が（給付の減額の対象として——訳注）引かれてしまえば，労働市場に復帰しようとする動機付けがほとんどなくなってしまう。

障害も含め労働不能は，時とともに変化することがあり得る。その対象者は，病気や事故のために，時間が経つにつれて不能の程度が重くなるかもしれない。そのため，その不能の程度は再評価されなければならない。幸いにもその人の不能が軽くなったり，再び仕事に完全に適合することもあり得る。そのような場合にも，労働不能が再評価されることになるのは明白である。大半の労働不能制度は，この見直しの可能性を定めている。ただし，その見直しの可能性は，通常，一定の期間に設定されている（例えば，前回の評価から一定の月数または年数の範囲内の見直しは不可能というように）。

労働不能の予防と回復のための給付

再度銘記すべきことは，社会保障は，何よりもまず労働不能の防止を試みる

べきであることである。その上で労働能力を回復させることを考えることができるのであり，労働不能を補償するというのは，最後の手段にすぎないのである。

　予防は，不能給付の設計のあり方の中にも見出されることがある。一定の制度（特に職業病を対象とする保険制度）は，健康が損なわれた後に給付を支給する代わりに，事前に，すなわち，もし健康を害するそうした条件の下で労働し続ければ，深刻な健康被害を受けることが明らかとなった時点で，給付を支給してしまうものがある。

　喪失した稼働能力の回復は，給付制度の設計のあり方の中にも見出される。制度の中には，不能となった人が仕事に戻るための動機付けを盛り込んでいるものもある。それに加えて，そのような人に対しては，給付の減額または喪失という不利益処分を梃子に，ある種の医学的な検査または手術を受けることや，あるいはリハビリのプログラムに参加することが強制されることがしばしばある。使用者は，部分的に不能な被用者に給与を支払い続けたり，部分的に不能な被用者を雇うことを財政的に奨励されることがあり得る。多くの国において，使用者は，その一定の労働力を部分的に不能な人または障害者に当てるための枠を用意することが強制されることさえある。

労働不能の原因に着目した特例

　労働不能の原因は，所得喪失に対する保障の範囲に重要な帰結をもたらすであろう。大半の国は，「職業上の危険」，すなわち労働災害または職業病に起因する所得喪失の危険を保障するために独立した制度を有している。これらの職業的保険制度は，そのような労働不能の場合に支給される給付に対して上乗せ給付を支給したり，代替する給付を支給したりするであろう。労働災害および職業病に関する保険は，主として，次の点において一般的な労働不能制度と異なっている。

　○それらは，より高い給付またはより有利な計算方法を提供する。

　○それらの給付は，しばしば単なる健康上の損害も補償する。

○それらの給付は，しばしば退職した後も継続する。
○それらの給付は，有償労働からの所得との関係で併給され得る。

　労働災害および職業病の概念に関する更なる情報は，第5章をはじめとして，既述のとおりである。

　例外的に，環境災害など，その他の健康上の損害も，健康上の損害を補償するための特別に有利な社会保障制度につながる可能性がある。

　労働不能の原因は，一般的な労働不能制度においても，それが不利な方向であったとしても，重要な役割を演ずるであろう。確かに，不能に関する給付は，自ら特別な危険（例えば，危険なスポーツ活動への参加）に身を置いた人，あるいは発生した不能の責任がもっぱら自分自身にあると考えられる人に対しては，拒否されることが時々ある。後者の場合とは，刑罰に値する行動（持兇器強盗からはじまって交通信号無視の歩行者まで），または熟慮された意図の上での帰結（例えば，自殺未遂），あるいは重大な過失の結果として不能となったような人である。時として，制度上，給付を拒絶するためには，その人が有罪であることが必要なことがある。今日，拒絶のための事由からは，自らの責任または有罪という概念は完全に消えるか，労働不能給付を得ることを目的として意図的に行われた場合に限定する傾向があるように思われる。

　既述のとおり，労働不能は，通常，稼得能力の喪失として捉えられる。それにもかかわらず，制度の中には（とりわけ，労働災害および職業病に関する社会保険），単なる人的損害，すなわち肉体的または精神的な変調について，傷病がその人の稼得能力に影響を及ぼすかどうかの問題とは無関係に補償するものがある。

　さらに，多くの国の制度は，何らの稼得能力もこれまで有したことがない人々に対して所得を提供している。この点について，我々は，若年での障害や病気に冒された人々，すなわち労働市場に組み入れられるのが可能な年齢に達するより前に障害や病気になった人々，そして，その結果，職業的所得を得たり，あるいは，いずれにせよ生活するのに十分な所得を得たりすることが合理的には期待できなくなった人々のことを考えることができる。すべての住人を

対象として労働不能の危険を対象に適用される保険を有する国においては，このような人々は，この保険の対象に包含されるであろう。しかしながら，一般には，若年で変調に冒された人々は，扶助制度によって面倒がみられるであろう（後述，第14章）。

第10章
失　　業

失業保険と失業扶助

　有償労働で自分の生計を立てている人が，雇用を失ったり仕事を見つけられなかったりした場合，代替的な所得保障に頼らざるをえない。そのため，失業給付が創設されたのである。このような給付は，社会保険と社会扶助というように，通常2つの水準で設けられている。

　失業扶助の場合，原則的には社会扶助のロジック——例えば，固定された額の給付，資力調査など——に従う。この問題については第14章で扱うので，ここでは，失業扶助制度が一般的な社会扶助制度より，当事者にとって幾分寛大なものであるということだけ言及しておこう。給付額はより高く設定されている。また，フルタイムかどうかにかかわらず，失業者の就職を促すために，労働から得られた報酬についてはより多くの部分が資力調査から除外される。

失業保険の適用対象

　多くの国では，失業保険は被用者のみを対象とする。公務員は，終身雇用という，より有利な地位を保証されているので，多くの場合その適用対象外となっている。自営業者も，健康という理由を除けば，職業活動の継続を自分で決定するものとされているので，失業保険から除外されていることが多い。このようなアプローチをとる理由のうちよくあるのは，自営業者の場合失業は保険化できないリスクであり，自営業者となることはリスクをとることに等しいか

らだというものである。しかし、自営業者に失業保険制度の適用を認める国も存在しており、このことは、独立して働いていた者が失業した場合に失業給付を受けるのは不可能ではないということを示唆している。もちろん、上記のようなことを実現するためには、特別の定めが必要となろう。例えば、失業の発生に関する特別の定め（例：破産を宣告された場合だけに限定する）、あるいは、自営業者が賃金労働者として従事する準備があるかという、その準備の程度に関する定めなどである。とりあえずここでは、自営業者のための（にも適用される）失業保険について詳細を論じることはしないでおこう。

失業の「非自発」性，非有責性および労働市場への有用性

原則として、有償労働がないことが失業者の自由な選択の結果でないときのみ、失業が社会的リスクとして認められ、ゆえに失業保険（unemployment insurance）や失業扶助（unemployment assistance）の給付に結びつく。このように、失業給付を受給する最初の要件として、失業が非自発的であるか、自ら導いた性質をもたないことが求められる。そうでない場合、給付は拒否されたり、減額されたり、もしくは若干の週・月数の間、停止されたりしうる。

失業が非自発的な性質をもっているかどうかは、失業が発生したときや失業の期間中に一定の事実が生じたときに、確かめられうる。

被用者の自発的な退職や被用者側の有責行動を理由とする解雇によるとき、失業は非自発的でない、あるいは自ら導いたものとされる。同じことは、被用者による労働契約の一方的な解約についてもいえる。しかし、このことは、解雇や契約の解約があるときは被用者に常に責任があるということを意味しているのではない。概して、使用者側に非難すべき切迫した理由があるなかで被用者が労働契約を解約した場合や、使用者が違法に労働契約を終了させた場合には、被用者に責任があるとは言えない。もっと難しい問題は、労使双方が合意して労働契約の解約に至った場合、非自発的失業でないとするかどうかである。一般的には、失業給付制度（the unemployment benefit scheme）が関係する限りでは、このような失業は実際には被用者に責任があるものと見なされる。

失業給付制度の中には，失業者側に失業の責任がある場合に，給付を減額もしくは一時停止するものがある。のみならず，失業者が失業給付を不正受給しようとする意図をもっていれば，失業者から受給資格を完全に失わせることさえある。

　人が失業した際に，特に当事者自身がもはや労働市場の求めに応じられないと宣言したり，そのような有用性（availability）がないことを示したりする場合には，当該失業の非自発性あるいは非有責性という性質は失われるだろう。したがって，一般的労働市場への有用性が要件に含まれている制度も存在する。そうではなく，「適職」（suitable labour）という概念に関連づけている制度もある。この場合，自分にとっての適職に対して有用性があるかどうかが求められる。

　労働契約を自発的にあるいは有責性のある方法で解除したけれども，その後すぐに（短期間で）その人が新たな職を見つけた場合，特別な問題が生じることがある。このような労働者が新しい職を短期間のうちに失った場合，失業したことについて制裁を与える措置をもつ国もある。というのも，もしその労働者が最初の仕事を辞めなければ，失業することはなかったからである。

求職要件

　一般的には，受給資格をもつ失業者は，公的な職業紹介機関（public labour mediation）に雇用を求めて登録しなければならない。さらに，失業者は自分が求職していることを証明する（例えば，定期的に求人に応募している証明を提出することによって）よう求められることもある。一方，使用者は公的職業紹介機関に求人を報告することが義務づけられるほか，整理解雇（の意思）を報告することも求められている。

適職の概念と基準

　加えて，失業者は働く準備ができていること，あるいは，より正確に言えば，提案された適職についてはいかなるものも受諾することが求められる。そ

うすることを拒否することは，給付の減額，一時停止，廃止につながる。どのような種類の雇用が適当とみなされるか，あるいはみなされないかという定義は，明らかに失業給付制度の厳格さを決定づける要素の一つである。「適職」という概念は，常に消極的に用いられること，すなわち，職業紹介されたときは，その職への応募は拒否できないものとして用いられることに留意しておかねばならないだろう。

雇用の適職性（suitable nature of employment）を決定する基準は，制定法や規則で設定されていることもあれば，行政機関や裁判所のそれぞれの解釈に任されていることもある。従って，「適職」（suitable employment）は，当該失業者に個人的に最もよく適合する仕事と必ずしも一致するわけではない。基準は通常以下のような要素を含む。すなわち，自宅と職場との距離，法律とくに労働法と仕事との適合性，報酬，労働時間と期間，当事者の家族状況，当事者の宗教的信念などである。

労働の意思

もちろん，その人の労働の意思が調査される。この調査は，いくつかの求人を失業者に提示する職業紹介機関で，最初に実施されることになろう。しかし，職業紹介と失業保険の管理運営や労働の意思の調査（inspection）は，必ずしも同じ機関に委託されているとは限らない。それぞれの機関の情報が体系的に伝達されていないことさえありうる。失業者が本当に求めているものについて職業紹介機関がよりよい捉え方ができるようになれば，確かに，適切な人に適切な仕事を見つけることがもっと容易になるだろうから，効果的な職業紹介という点では，機関が分かれていることはいくらか積極的な意味を持つとしても，それは労働の意思の調査にとっては明らかに大きな障壁となっている。

特定のグループの失業者は，就労する準備ができているという要件が除外されたり，無償労働を行うことによって就労する意思があるものと認められたりすることがある。このような例は，失業保険制度と失業扶助制度のどちらでも適用されるが，特に失業扶助制度でより多くみられる。例えば，労働市場の状

況がかなり厳しいときに，失業者が退職年齢近くになってしまう場合など，要件が外されうる。失業給付の受給者による無償労働として認められるのは，例えば，年少の子ども，病気あるいは高齢の家族の世話をするような場合，また特定の形式の職業訓練に参加する場合などである。すべて上記のような場合には，適職を探すことおよびその紹介を受諾することのどちらも免除されることが多い。

受給期間中の就労の取扱い

失業給付は非自発的に有償労働からの収入を失った者すべてに与えられる。ゆえに，少なくとも失業給付全額の受給資格があるときは，失業給付と稼働所得をあわせて受けることはできないことは明らかである。そのため，失業者は，自分が有償労働を行う予定があれば担当管理運営機関に（事前に）報告するよう求められる。また，無償労働を行いたい場合でも報告するよう求められることも多い。

該当する者が定められた手続きに従って有償労働を報告した場合，失業給付は，有償労働をしている期間は支給されないか，稼得額（の全部または一部）に応じて減額される。失業者が仕事を見つけるのを励ますために，稼得額の一部が控除されることもある。

該当する者が手続きに従って有償労働を報告しなかった場合，夜業（「隠れ就労（moonlighting）」）の有責性をもつことになり，そのために制裁を受けねばならなくなるだろう。無償労働でも報告義務があるときに報告を怠った場合でも，制裁が課せられることがある。

有償労働をつうじた所得の喪失は，失業という状態を決定するのであって，労働契約の終了を決定するのではない，ということに留意すべきである。多くの国では，労働契約が有効であっても，失業給付を受給することができる。この例としては，使用者が自らの管理を超える状況（不可抗力の場合）のために，一時的に自己の被用者に仕事を与えられなくなった場合などが挙げられる。原則として，ストライキを行う者は非自発的な失業とはいえないので，失業給付

の資格が与えられない。ただし，他方で，そのために仕事ができなくなったストライキをしていない労働者は，時として失業給付を請求できることもある。

部分的失業の概念と失業給付

多くの失業給付制度は，部分的失業に対応する措置を置いている。それは，自分の意思に反してフルタイムからパートタイムに労働契約を変更させられた者や，自分の希望に反して労働時間を短縮させられた者や，完全失業にならないようパートタイム労働を受け入れた者に関連する。このような者は，たとえ部分的には雇用されているという事実があっても，雇用されなくなった時間に応じて給付を受けることができる。総労働時間のうち（失業の部分としての）有償労働の部分は，当該労働者の従前の労働時間，フルタイムの雇用に相当すると見なされる期間，あるいは従前および現在の職業活動から生じる所得に基づいて決定される。フルタイムの雇用から生じた（部分的な——訳注）失業だけを給付の対象とするべきか，それとも，既存の自発的なパートタイムの雇用にも失業給付の資格を認めるべきかという問題は，有償労働の部分を何に基づいて決定するかという問題とはまた別のものである。今述べた問題に関する限り，多くの国の社会保障制度は，非自発的に失業した場合，部分的に雇用されていても給付を受けることを認めている。もちろん，この給付の算定に当たっては，失業者がパートタイム労働を正式に選んだという事実を考慮して，調整される。言い換えれば，給付の額はこれに対応して低くなるだろう。ただし，完全失業にならないようにパートタイム労働に応じた者でも，その後にそのパートタイム労働を失ったときは，完全失業ということにより，給付を受けることができることが多い。

労働市場への再統合

ほとんどの国では，失業給付を請求する者に対して様々な種類の職業（再）訓練への参加を求めることができる。失業給付の受給者もまた，労働市場に再統合する機会を増やすことをねらった様々な調査を受けなければならないだろ

第10章 失　業

う。さらに，公的な福祉のための仕事を行うよう求められることもある。いくつかの国では，当事者がそのような例に該当すれば報償として，より高い給付（あるいは，通常の賃金と同等の給付であることさえある）を受けることができるようになっている。（失業）給付の受給者が自分の労働能力を自分の地域のサービスのために用いるのは当然だという考えが主流である国もある（いわゆる「ワークフェア（workfare）」の考え方は後述，第14章参照）。

　失業給付を受給するためには，就労が可能でなければならない。失業者が労働不能になった場合や，労働不能の者が失業した場合は，基本的には，失業給付ではなく労働不能給付を受給する。この点に関して，失業者が一時的に労働不能になっても，健康な失業者が受け取る給付より高い給付を受けることはできない，ということはしっかり理解しておくべきだろう。

受給資格に必要な最低就労期間

　社会保険制度による失業給付の提供は，一般的には，一定の就労記録または保険記録にもとづいて行われる。失業する前に最低就労期間あるいは保険期間を満たさなかった者は，受給資格が与えられなかったり，待期期間が過ぎてから資格が与えられたりする。

　ここまでは，有償労働を失った者に与えられる給付についてのみ言及してきた。社会扶助制度による失業給付は，あるいは時には社会保険制度にもとづく給付も，特に就職できなかった既卒学生など，まだ有償労働を行ったことのない者に対しても給付を行うことがある。このような受給者は，通常は給付を請求する前に待期期間を満たさねばならない。この待期期間は，なかんずく，できるだけ早く就労するよう助長するという意味をもっている。

給付の支給期間と終了

　労働不能給付や失業扶助制度と違って，ほぼすべての失業保険は期限つきの給付を用意している。給付の支給期間は，固定されるものもあるが，多くの場合，失業直前のあるいは（全部または一部の）就労期間の当事者の就労記録また

は保険記録に比例している。軍役などで，現実の労働が行われていなかったり，保険料が支払われていない期間は，現実の雇用あるいは保険料の支払いがあったものとみなされることもある。

　いくつかの国では，失業保険給付の期限が終了する失業者に対して，政府や管理運営機関が適職（あるいは適当な訓練）を提供するよう義務づけている。民間部門にその目的達成を頼むことができないならば，政府や社会保障制度自身が雇用を創設（または訓練を提供）しなければならない。このことによって，少なくとも当事者が失業保険給付への新たな権利を得るのは可能となるはずである。明らかに，このような措置は，失業率が高いときには有効に存続することは難しい。

失業給付の支給額
　給付の額は，期間の経過によって変化するようになっている。通常は，期間の経過とともに給付額を減少させるのは，失業者の就労意欲を刺激するためとまず考えられる。同様に，給付を徐々に減額することは，失業者の（雇用される者としての）従前生活水準と（長期の）失業者としての生活水準の間の橋渡しにもなっている。

　失業保険によって与えられる給付の額は，固定されていることもあるが，通常は従前の報酬の一定割合として示される。他方，失業扶助は，通常は従前所得と何の関連性ももたない。失業保険給付の額が従前の報酬に対応する場合で，当事者が算定対象期間（reference period）に有償労働を行っていなかったときには，平均賃金や最低賃金などを考慮することができ，あるいはまた，固定された額を給付に設定することもできる。さらに，失業給付の額は，失業者の扶養家族を考慮して決定することもできる。これは，一般には失業扶助で実施されている。また，資力調査を経た後に失業給付を与えることもできる。ただし，このような措置は失業保険ではあまりみられない。

第10章 失　　業

退職年齢に達した失業者の取扱い

　退職年齢に達した失業者は，通常は失業給付の資格を失う。しかしながら，多くの国では，1970年代以降老齢年金と失業保険を組み合わせた政策を展開してきた。これらの混合政策——様々な名前がつけられてきたが——は，年金受給年齢にはまだ達していないが高齢の失業者（または失業しそうな労働者，あるいは単なる高齢被用者）のうち比較的年齢が高い者を，労働市場から除外する目的をもっている。高齢被用者を対象とする失業政策は，若年者に就労する機会を設けるとともに，老齢年金へのスムーズな移行を実現することもねらっている。当事者に支給される給付は，一般的な失業給付より高いことが通常である。

労働契約の解約に対する賠償と失業給付の調整

　労働関係が終了し結果として失業してしまったけれども，労働契約の終了に賠償が与えられる場合，一般的には，直ちに失業給付が利用できるとは限らない。賠償は，賃金支払いが継続する形で，その日数，週数，月数という形式をとる。しかし，まず解雇あるいは労働契約の解約に対する賠償の額は様々な方法で設定しうるし，それが引き続いて（仮定の）賃金支払いが続く日数，週数，月数として配分されることもある。その（現実あるいは仮定の）継続される賃金支払いが終了した時点で，失業給付が支払われることになるだろう。

　最後に，いくつかの国の社会保障制度では，失業給付ではないものの，それに密接に関連した給付をもつものがある。ここでは，このうちの2つだけに言及しておこう。第1に，例外的な場合であるが，社会保障制度は，軍隊に従事するために仕事を奪われた人に対して所得の代替を提供する。第2に，社会保障制度は，場合によってはたとえば著しい天候不順などによる凶作を原因とする所得の喪失に対する保険を含むこともある。後者の定めは，農家のための失業保険の類に非常に近い。この点で，そのような定めがあるのは，実際には非常にまれというわけではなく，むしろ社会保障に統合されるものである。

第11章
家族負担

児童手当の目的

　子どもを持つことは特別な費用を伴う。児童手当（child benefits）の主たる目的は，親，あるいはより一般的にいえばその費用を負担する者に対し，出費の一部を補償することである。児童手当は，児童のいない者と児童をもうけた者との間で一定の均衡を保つべきである。そうすることで，この種の給付は一定の水平的な分配を図っている。元来，児童手当は明らかに出産奨励を（も）目的とするものであった。しかし，人口減少問題ともっと良い児童手当制度導入の必要性とが今でも時には政治的に結びつくことがあるとしても，今日では，出生率と児童手当の規模との間には関連性がないことが研究で明らかになっている。

　児童手当の目的が児童の養育に関する費用の一部を負担することであるにしても，児童手当額の設定では，概して，児童のためになされた現実の出費は考慮されない。そのことはかなり特異的である。医療保険の給付のような他の費用補償を行う給付と比べてみると，児童手当のこの特徴はいっそう顕著になるだろう。おそらく，この特徴に鑑みて，出費に応じていない費用補償給付を与えるシステムを継続するのではなく，（例えば，保育にかかる費用のような）実際の明確に限定された児童に関連する出費の（一部）払い戻しをするシステムに転換すべきである，と主張する論者がいるのだろう。実際，そのような転換は，両方の親の労働市場への参入を現実に向上させるというような，児童手当

のもう一つの目的の実現にも役立つことにもなるだろう。

児童手当の支給方法
　一般に，児童手当制度には，定期的な給付と一時的な給付の両方が含まれる。
　定期的な児童手当の額は，児童の数と年齢の両方に応じて変わることが多い。例えば，第1子は（全額の）児童手当が与えられないこともある。児童の数が多い場合，一人当たりの手当額は，相対的に減額されることもある。児童の年齢に応じて児童手当の額が変わるのは，年齢の高い児童に多くの費用がかかるのを適切に考慮しているためである。出生率が高すぎるというような珍しい国では，児童手当を2人あるいは3人までに限定するということもありうる。
　定期的給付は通常児童が一定の年齢に達するまで与えられる。この年齢は，例えば成年に達するまでというように，統一的に決定されるとしても，これは児童の就学期の長さに応じて変わるのが一般的だろう。学生のための年齢制限がこうして20歳代の後半まで延長されることもある。固定した上限年齢が保持されるかどうかは，財政的負担を引き継ぐ奨学金制度があるかどうかという問題に左右される。言い換えれば，成年に達した者へ，あるいは既に独立して生活する「児童」へ定期的給付を支払い続けることは，児童手当がときには事実上奨学金制度として機能していることを示す。給付が与えられる「児童」の上限年齢の延長は，（重度の）精神障害を理由に行われることもある。この場合，児童手当の受給資格は死亡時まで延長されるだろう。いくつかの国では，そのような者は行為無能力である未成年と，市民法上しばしば同一視される。
　定期的な児童手当は（障害あるいは疾病をもつ）児童の特別なケアのニーズの結果として増額されることもある。また，親が特別な状況にあるために増額されることもありうる。例えば，年金生活者，労働不能である者，失業者等の児童への給付は，就労している親の児童に与えられる給付より多いこともある。
　一時金の給付は，主に出産に関係する。出産に要する費用は出産の回数に伴

って減少するという考え方から，1回当たりの給付額は出産の回数とともに同様に減少することが多い。例外的に，出産の給付として支払われる一時金の給付が，新生児のための（一時金より高い価格の）物品に代えられることもある。

児童手当は，通常，児童本人にではなく，実際に児童を監護する者，あるいはその養育費用を負担する者に支払われる。こうした者と当該児童との間に家族関係が存在することを求められることも多い。しかし，多くの場合，家族関係はかなり広く解釈されている。だが，里子に関して問題が生じることもある。

児童手当制度では，養子縁組は，通常，その家族において出生したことと等しいものとして扱われる。

ここまでは一貫して，児童手当を費用補償の給付の点から説明してきたが，他の定めを含む社会保障制度もある。これらは，（例えば，3歳あるいは就学年齢など，一定の年齢までの）幼少の児童の養育のため，あるいは特別なケアを必要とする疾病または障害をもつ児童を一時的であれ長期的であれ世話するため，一定の期間家にいる親に代替所得を与えるものである。そのような場合に与えられる所得代替給付は，以前に得ていた職業上の所得に応じていることもあれば，一定額に固定されていることもある。これらの給付を受給する要件については，差別して父親には支給しないとする国もいまだに存在する。しかし通常，所得代替給付は，世話をする親が職業上の活動をしていないという条件でのみ与えられる。そのため，現実には，これらの施策が労働市場への女性の統合を妨げることもある。

家族給付の種類と方法

今まで述べてきた児童手当とその他の児童の養育に関する手当は全て，家族手当（family allowances）あるいは他の給付を含む家族給付（family benefits）という大きなカテゴリーの一部である。家族給付には，例えば，病気の家族の在宅看護の費用や，親や他の家族と同居して介護をする費用に関連するものがある。これらの家族給付は全て，受給者が一定の家族関係をもつ者を在宅で介護

することを通常求めている。

　家族給付は，（例えば児童自身の権利として）ケアの対象となっている者の権利として定められることもあれば，特定の出費を現実に支出したりケアを提供したりする者の権利として定められることもある。したがって，受給要件の対象者（例えば児童），受給資格のある者（例えば社会保険に加入している被用者），および正当な請求権者すなわち給付が実際上支払われるべき者（例えば児童の母親）を区別することができる。

　家族給付は多くの場合，住民全員を対象とする社会保障制度を通じて支給され，かつ一般財源で賄われる。これにあてはまらず，制度が職域別に設定されている場合には，一般に，国内の各児童につき漏れなく受給資格を有する者が定められるようにしなければならないが，それは明らかに複雑なことになる。ある児童を児童手当制度の対象とすることができない場合，扶助という形で同様の給付を与えることも大いにあるだろう。しかし，これは資力調査がなされた後だけ発生すると考えられる。そのうえ，2人以上の者に資格の可能性がある場合，だれが受給資格のある者かを決定するために優先順位をつけなければならない。当該児童について受給資格をもつ様々な者が，異なる給付が与えられる異なる制度に加入しているような場合（例えば児童に，賃金労働者として働く父親と自営業者である母親がいて，自営業者の制度の給付の方が低額である場合），このことは大変重要な問題となる。

　家族給付は，資力調査を要することもそうでないこともある。家族給付が全ての者に与えられるべきか，資力調査を経て現実に給付の必要性があるとみなされる者だけに与えられるべきかは，家族給付が普遍的であるべきか選別的であるべきかという問題として議論されている。

　家族給付は，受給者の課税対象所得に加えられることもあればそうでないこともある。この点については，児童の養育に関する出費の補償を，児童をもうけた者に対して様々な税の優遇措置を（例えば個人の所得税の中で）与えることによって行う国もあることを指摘しておきたい。

　家族を介護すること，とりわけ児童のケアは，年金制度においても，自分の

児童や家族のケアをするために家にいた期間が擬制的な加入期間として算入されるという点で，報いられることがある（第7章参照）。

第12章
保健医療

保健医療の利用可能性
　人は疾病にかかり，あるいは事故の犠牲者となり，疾病または障害を持って生まれるなどの可能性がある。このような場合の全てにおいて，人は可能な限り最善の方法で健康を回復し，維持し，苦痛を緩和し，およびその他のあらゆる方法によって傷病をより耐えやすいものとするために保健医療を必要とするであろう。

健康権の2つの側面
　したがって，保健医療が容易に利用可能であることが極めて重要である。つまり，医師，看護師，理学療法士，薬剤師などが訓練を受け，就業しており，病院および適切に機能する基礎的な医療器具が存在していることなどである。同様に，保健医療，診療，医薬品を提供するサービスおよび施設に対し，これらを実際に必要とする人が事実上アクセス可能であることが重要である。国際法上，全ての国により承認されている健康権は，次の両側面を包含するものである。つまり，利用可能性がある保健医療は全て利用可能とすること，同様に，利用可能な保健医療は全て，あらゆる人が同等の条件の下でアクセスできるものとすることである。前者の側面は，時として，社会保障の範囲外のこともあり得るが，後者の側面については，社会保障は常にこれを対象とするものである。

保健医療の提供主体

　いくつかの国では，政府あるいは社会保障組織それ自体が保健医療を提供する。その場合，医師，医療補助者および薬剤師は，全て，政府および社会保障組織において勤務するものである。医薬品およびその他の医療補助具は公的企業において製造されるものであり，病院および医療器具は，政府または社会保障組織の所有となるものである。この観点からは，ここでは，社会保障組織と政府の区別を行っていないことに留意すべきである。我々にとってみれば，このことは，明らかに過度の単純化である。

　この対極には，民間を基礎として組織された保健医療を見ることができるであろう。この場合，医師，医療補助者および薬剤師は，全て自営業者であり，その専門的能力はそれぞれの専門家組織により認定されている（この専門家組織は，しばしば，「医師団体」と呼ばれる）。医薬品およびその他の医療補助具は民間企業により製造される。病院は，自営の医師により運営されるか，医療スタッフを賃金労働者として雇用するかにかかわらず，民間により所有されるものである。これらの所有者は，営利企業であるかもしれないし，極めて多くの場合，非営利団体であるかもしれない。

　しかし，ほとんどの国では，これら両制度の混合形態が見られるであろう。つまり，保健医療は，ある側面では公的なものであり，他の側面では私的なものである。

保健医療の選択の自由

　医薬品または医療サービスの提供を，患者が実際に求める人または施設の選択は，全く自由であるか，一定の制限を受けるかまたは全く選択の余地がないかであろう。民間を基礎に保健医療が組織されている場合，選択の自由は，より頻繁に見られる選択肢であろう。そうではあっても，国民保健サービスも，社会保障組織において勤務する医師，医療補助者などの間の自由な選択を提供するかもしれない。選択の自由は，また，一定の地域，または関係する社会医療保険の保険者と契約を結んでいる保健医療の提供者に制限されるかもしれな

い。さらに，法律は，時として，医師の変更の可能性を制限することもあるであろう。たとえば，そのような変更を一定期間に一度限り認めるというように。

社会保健医療制度の内容

社会保健医療制度は，通常，一般医，専門医，歯科医，助産師，看護師およびその他の医療補助者によるサービスを包含するものである。また，滞在費の全部または一部が患者により負担されるかもしれない入院ケア，および一定の形態の在宅ケアも包含する。さらに，あらゆる種類の装具（たとえば，眼鏡）および臨床検査も包含するかもしれない。いくつかの国では，健康リゾート地の訪問も適用対象となるものである。保健医療提供者または保健医療施設までの往復についても，時として，社会保健医療制度の費用負担となるかもしれない。その点についての特別の社会保障制度が存在しない場合，時として，社会保健医療制度が非医療的なケアのニーズについても適用対象とするかもしれない。

どの物およびサービスが社会保障制度の適用対象となるかという問題については，各社会保健医療制度自身が，直接的に，つまり，適用対象となるサービスおよび物を列挙することにより，あるいは，一定の医薬品および医療サービスの「処方」の承認権限を有する者を示すことにより，間接的に，回答が与えられるものである。後者については，通常，社会保障組織において勤務する，あるいは社会保障組織と協同する医師により承認されるものである。社会保健医療制度は，時として，どの物およびサービスが適用対象とならないかを明確に言及することもある。これについては，たとえば，医学的に無駄であると判断される矯正外科手術の場合に，極めて頻繁に言えることである。さらに，社会保障組織が関係する提供者を雇用し，あるいは，その者と契約を結んでいる場合，または，その他のあらゆる方法で，提供者の行為に対し支払いを行う場合に限り，医薬品および医療サービスの提供を求めることができるということは，極めて明白なことである。多くの社会保健医療組織は，その管理機関に対し，原則として制度の適用対象とならない医薬品および医療サービスに関する費用を負担する余地を与える。このような費用負担は，新しい治療方法または

医薬品の保険収載が遅れている場合に生ずるかもしれない問題などに対する解決策も提供するが，検討に値すると判断される個別の場合についてのみ生じるものである。たとえば，希少疾病の患者に対し，必要であれば海外においても，適切な保健医療を提供する場合である。

保健医療へのアクセス可能性

　一般に，社会保障は，保健医療へのアクセスについて，一つのあるいは他のサービスまたは物を要求する意思を有するあらゆる者に対し，そのアクセス可能性を保証するものではない。反対に，関係するケア，サービスあるいは物を実際に必要とする人に対してのみ，これを保証するものである。その目的のため，社会保障法は，望ましい物またはサービスの的確な評価のための措置を規定するものである。原則として，この評価は，何よりもまず，医師に対して与えられるものである。医師により「処方」されていない，別の言い方をすれば，評価手続きに従って認められていない医薬品または医療サービスは，おそらく，民間市場において，その実勢価格により購入されることになるであろう。しかしながら，後者の可能性は，公衆衛生上の理由により制限されるであろう。

医療保険の適用範囲と不平等の問題

　健康およびそれと相互に関連する保健医療は，ますます基本的人権としてみなされるようになってきており，それに対する社会保障制度の適用範囲は，普遍的であるべき，あるいは，普遍的であることを目的とすべきである。このことは，実際上，保健医療が，職業に基づく社会保険の適用対象とされる場合，強制的社会保険によって，あるいは，社会保険への任意加入の可能性を通じて，人口の大部分が事実上適用対象となるような方法により，その人的な適用対象範囲が，通常，拡大されてきていることを意味するものである。依然として医療保険の対象外である人は，民間保険を購入するために十分な資産を処分するか，自ら保健医療の費用の支払いを行うか，あるいは，一般に社会扶助の一部である医療扶助に依存しなければならない。

保健医療が，全ての住民を対象とする単一の国民保健医療制度ではなく，様々な社会保険制度および保健医療扶助により提供される場合，不平等の問題に直面する。一般に，加入する特定の保健医療制度により，ある形態の保健医療の実際の利用可能性が異なることは，受容できないものと考えられている。その結果，必要な物およびサービスは，保健医療扶助の範囲内においても利用可能とされる。それらは，職業に基づく社会保険において見られるものと量的にも質的にも同程度のものである。

しかし，保健医療の供給に関する類似性にもかかわらず，様々な制度は特定の方法に関しては一様ではないかもしれない。たとえば，「利用者負担」についてである。しかし，この利用者の負担は，必ずしも供給の平等性を阻害するものではない。その負担する額が，問題の医薬品または医療サービスを購入すること（そして，その配分を享受すること）を患者に依然として許容する場合においては，少なくとも阻害するものではない。利用者の負担の問題は，本書においてより詳細に取り扱われるであろう。

保健医療の提供方法

被保障者が利用可能な保健医療の供給を実際に自由に利用できる状態に置く方法は，様々な形態を取り得るものである。

前述のとおり，社会保障組織が自ら，医師，医療補助者，病院および医薬品の種類などの構成要素を配置してもよく，そのようなものとして，保健医療制度の対象である何人に対しても，それに相当する物およびサービスを提供することができる。制度が全ての住民を対象とする場合，通常，それは，「国民保健サービス」制度と呼ばれるものである。

しかしながら，社会保障は，サービスまたは物をまったく提供できず，または，できないかもしれない。そのような場合，社会保障は，自営の保健医療提供者，薬剤師，医療補助者，独立の保健医療施設（公営または民営の）などに依拠しなければならない。そのような事態において，社会保障組織は，一般には，保健医療提供者，独立の保健医療施設などを代表する様々な専門団体と団

体協約についての交渉を試みるであろう。これらの協約は，料金，サービスに対する支払方法などの事項を含むかもしれない。そのような協約が存在しない場合，政府は，保健医療の分配に関する必要な規則を定めるであろう。いずれの場合においても，立法者は，この点において，たとえば，公共の利益を保護するために，介入の権能を常に行使するであろう。立法者は，時として，これらの団体協約に対し，一般的な拘束力も付与するかもしれない。つまり，協約の当事者である団体の構成員以外についても拘束力を有するのである。さらに，団体協約を基礎としてではなく，むしろ，個別の保健医療提供者，保健医療施設などとの契約を通じて運営される場合があるかもしれない。団体協約および個別の契約は，他の保健医療提供者または社会保険の保険者が，同様の契約関係に入ることを排除するかもしれない。しかし，それは，希な場合である。法律は，時として，社会保険の保険者または保健医療提供者に，それを望む他の保健医療提供者または社会保険の保険者と同様の契約を締結することを要求することさえあるかもしれない。

　同一の社会保健医療制度は，両方の提供方法の要素を含み得るものである。つまり，ある医薬品および医療サービスは社会保障組織自体により提供され，それ以外のものは第三者により提供されるであろう。したがって，この種の混合形態の制度においては，社会保障組織の下で勤務する医師に加えて，「認定」民間医師と協定を締結することもあるであろう。

保健医療提供者に対する報酬の支払い方法

　社会保障組織の下で勤務する保健医療提供者は，ほとんどの場合，賃金の形で報酬の支払いを受けるものである。社会保障制度に組み込まれた民間の保健医療提供者は，通常，業績に応じて，つまり，医療行為ごとに支払いを受けるものである。固定額または医療行為を基礎とする支払い方法を利用する代わりに，登録患者当たりの報酬を基礎としても支払いを受けるかもしれない。保健医療施設は，固定額方式により，あるいは，医療行為または患者単位の支払いにより，報酬の支払いを受けるかもしれない。この点においては，しばしば，

第12章　保健医療

病床数も，報酬の計算に当たり考慮されるものである。ここ数年，いくつかの社会保障制度は，保健医療提供者に対し，疾病単位で支払いを行ってきている。つまり，当初に診断された傷病を基礎に，固定額が支払われる。この場合，関係する保健医療提供者は，適切と考える全ての医療サービスおよび医薬品を提供すべきであるが，彼らが支払いを受ける額は，彼らの治療行為の選択には依存しない。

　保健医療提供者は，また，これまでに述べた支払い方法のあらゆる種類の組み合わせを通じて報酬の支払いを受けるかもしれない。

現物給付方式と償還払い方式

　保健医療は，社会保健医療制度の適用対象者に対し，社会保障組織により，または社会保障組織のために，提供される。この社会保健医療制度の適用対象者は，現物給付方式により，医薬品または医療サービスの提供を受けるかもしれない。このことについては，一般に「国民保健サービス」方式の場合が該当するであろう。社会保障組織が支払い費用の償還を保証する一方で，サービスまたは物の提供を受ける人も，関係する費用の全ての支払いの義務を負うかもしれない。この償還払い制度は，医療の過剰消費を防止するはずである。それは，償還払い制度が後に社会保障組織から費用を償還されるにせよ，消費者に医薬品または医療サービスの実際の費用を認識させるからである。しかしながら，物またはサービスが非常に高額の場合，償還払い制度は，重大な問題をもたらす。言うまでもなく，単に費用の前払いができないゆえに，サービスまたは物を要求できないことは，受容できるものではないと考えられる。そのような場合，償還払い制度は廃止され，「第三者払い」制度に代替されるであろう。つまり，消費者と保健医療提供者との関係において第三者である社会保障組織が，費用を直接に支払うこととなるものである。

利用者負担

　現物給付制度および償還払い制度の両方の制度における提供は，いわゆる

「利用者負担」を含むかもしれない。「利用者負担」は，受益者により，必ず，負担されなければならない費用の一部（たとえば，サービスあるいは物当たりの一定額，または一定割合）である。この利用者自身による拠出は，医療の過剰消費に対する歯止めとして機能することを意図するものである。しかしながら，このことは，関連する医療サービスまたは医薬品の金銭的負担をするだけの資力がないがために必要とする一定のサービスまたは物なしに済ませなければならないということにはならない。したがって，ほとんどの制度は，（低所得の）年金受給者，特定の疾病に罹患している者および低所得者一般のために，利用者負担の支払いの減免を行うものである。一定期間（たとえば，1年）において一個人（または一家族）により「利用者負担」として支払われる総額は，より多くの場合，上限が設定されるようになってきている。この上限額は，一定額に固定されるか，あるいは，関係する個人（または家族）の所得または資力に関連させて設定されるかもしれない。

待期期間

社会保健医療制度は，通常，いかなる時間的制限もなく，保健医療を保証する。しかしながら，時として，制度に加入しながら，依然として受給権を取得していない待期期間（たとえば，6ヶ月）の後にはじめて，現実に保健医療を享受することが可能となる場合もあるであろう。

個人の責任と受給権

保健医療の必要性が個人の責任によって生じるかもしれない場合，一般には，それが受給権に悪影響を及ぼすことはないであろう。もちろん，医療を請求する目的で故意に有責の行為を行った場合，そのような状況は明らかに極めて例外的であるが，そのような場合を除いてである。

労働災害補償給付

ほとんどの国は，労働災害の被害者あるいは職業病の罹患者に対する給付に

第12章　保健医療

ついて，より手厚い社会保健医療制度を有している。たとえば利用者負担は，それらの給付については，概して免除されるものである。しかし，給付のより手厚い制度においては，これらの者は雇用者により組織された，または，利用が認められた保健医療サービスを利用しなければならないという制約を受けるかもしれない。

保健医療費増大の原因

全ての国において，保健医療の費用は，近年，急増しており，社会保健医療制度に対する相当の圧力要因となっている。その根本的な理由は，極めて複雑である。たとえば，保健医療をより必要とする高齢化する人口の問題である。さらに，保健医療の高度化の進展は，保健医療をより費用のかかるものともしている。一定の医薬品および医療サービスの供給も急速に増加しており，このこと自体が，すでに，関連するサービスおよび物の需要の増加を招いている。他の多くの原因についても言及できるであろう。

保健医療の「過剰な消費」への対応策

保健医療の「過剰な消費」と称される問題は，次に述べる方法によって，政府および社会保障組織により対応されてきた。つまり，供給の制限（たとえば，医学的訓練の定員枠の導入，薬剤師として開業するための免許制の創設，あるいは，待機リストの出現の容認によって）あるいは，保証された医薬品および医療サービスのパッケージから一定の給付を除外すること（これは，民間保険の対象とされるであろう）によってである。その他の方法は，関係者（患者，保健医療提供者および社会医療保険の保険者）の責任を増大させるものである。

患者あるいは保健医療の消費者の側については，既に述べた利用者負担の導入および現物給付制度から償還払い制度への支払い方法の転換，あるいは，「免責金額」の導入が言及されるであろう。免責金額は，この文脈では，社会保健医療制度における「自己責任額」を意味する。年間（あるいは他の一定期間）において，制度適用対象となる人は，一定額を超えない全ての保健医療の

費用を負担しなければならないものである。つまり，通常の保障範囲は，この限度額を超える費用の額となるものである。

　保健医療提供者の責任を強化するため，いくつかの国は，「予算自由裁量制」あるいは「総枠予算制」の範囲内での運営を始めている。つまり，総枠予算において合意した額が，会計年度の途中で尽きてしまった場合，対応する給付に係る費用は，もはや，社会保障制度が負担しないというものである。これが，保証された物およびサービスの拒否につながる場合，このような費用管理手法は，実際上，法的にも，社会的に言っても，極めて疑問なものとなる。「総枠予算」の緩やかな形態としては，ある年における予算超過を次の年における利用可能な予算の減額により補償するということになる。保健医療提供者が提供を決定するサービスおよび物の資金調達を，疾病ごとの額に応じて行うことによっても，保健医療提供者はより大きな責任を有することになる。このようにして，保健医療提供者は，自らの選択がもたらす費用を勘案しつつ，診療の自由を行使しなければならないものである。診療の自由は，より直接的にも制限されるかもしれない。つまり，一定の疾病については，一元的に予め決定された（そして，より費用のかからない）サービスおよび物についてのみ，社会保障により費用の支払いが行われるものである。

　（競争的環境にある）社会医療保険の保険者の責任は，（年齢，性別など，被保険者のプロフィールに応じて）保険適用対象となる人口の特徴を勘案し，次年において，各保険者が負担すると見込まれる総費用額を各保険者につき予め設定することにより，結果的に，強められるものである。この推定費用について，次年に発生した実際の費用と比べ多寡がある場合には，医療保険の保険者は，その差額に基づいたボーナス（特別配当）またはマルス（超過負担）という形で，（全体的あるいは部分的に），財政的な責任を負わされるのである。

　さらに，医薬品および医療サービスの量および質は，よりチェックされるようになるであろう。たとえば，診療記録の利用により，濫診をより容易に発見できるようになる。同様に，効能の同じ最も安価な医薬品の選択も，今日，より良い費用管理を可能としている。

民間医療保険

　民間の医薬品および医療サービスの提供者ならびに民間の非営利および営利の保険者は，あらゆる種類の方法で，社会保健医療制度と関連づけられるであろう。

　民間医療保険は，補完的なものであるかもしれない。一定の医薬品および医療サービスが，黙示的にせよ，明示的にせよ，社会保障のパッケージの一部を構成しない場合，実際上，一般に，自由市場経済原理の働く余地があるであろう。つまり，関係するサービスおよび物についても補完的民間医療保険の適用対象となり，それらのサービスおよび物が購入されることになるであろう。

　民間医療保険は，残余的なものでもあるであろう。つまり，それは，通常，患者自身が負担しなければならない利用者負担について，保障対象とするであろう。明らかに，このような残余的保険は，利用者負担の目的と相反するであろう。

　時として，特別の集団（たとえば，自営業者あるいは一定額を超える稼働所得を有する者の集団）は，一般的な保健医療制度の対象とならないか，あるいは，一般的な制度からの脱退の可能性を条件に対象となるであろう。つまり，これらの者には，代替的な医療保険への加入の選択肢が与えられる。時として，この代替的な保険は，かなりの頻度で，社会医療保険の保険者により（よっても，あるいはよってのみ），提供されるにもかかわらず，民間医療保険としての性格を有するであろう。

　社会保健医療制度，たとえば，国民保健医療制度における受給者が，その制度により提供される医薬品および医療サービスに，主観的に満足しない場合，同様の民間医療保険に加入することを決定するかもしれない。実際，社会保健医療制度により提供されることが約束されている保健医療を，市場で購入するのである。社会保健医療制度において，重大な待機リストが存在する場合，あるいは，社会保健医療制度により提供されるサービスおよび物の質が満足できるものではないと考えられる場合，しばしば，同様の民間医療保険が介入することとなる。

第13章
ケア（依存状態）

新たな社会的リスクとしての依存状態

　20世紀末そして21世紀の初めにおける現実は，自律の喪失あるいは依存状態に関連する問題に対して，総合的な取り組みを必要としているということについて，我々は既に意見の一致をみているにもかかわらず，依然として，新たな社会的リスクとそれをカバーする方法の双方とも，複雑なものであるということを認識しなければならない。実際，異なる方法で，このリスクを正確に定義しようと試みられてきており，また，様々な方法で，新たに発見された社会的問題を社会的にカバーしようと試みられてきている。この取組の多様性は，混乱をもたらすかもしれない。そこで，他の取組が依然として可能であることを忘れることなく，この点について，いくらかの明確化を試みよう。

　依存状態が，自律の喪失，全体的または部分的に自分の面倒を見ることができない状態，起床，就寝，入浴，食事の準備および摂取，掃除などの日常生活を営む能力の全体的または部分的な欠如を意味するとすれば，我々は，直ちに，2つの問題に直面することとなる。

　○過去においても，人は既に自律を喪失しており，なぜ現在，これが新たな社会的リスクとして同定される必要があるのであろうか？
　○依存状態は問題であるかもしれないが，既知の社会的リスクと異なる別個の社会的リスクとして対応する必要があるのであろうか？

　換言すれば，なぜ依存状態を新しい別個の社会的リスクとして考慮するので

あろうか？ これらの問題に答え，依存状態の社会的リスクが真に意味するところを同定するためには，その同定の由来に立ち返ることはよいことである。

確かに，我々は，社会における障害を有する者の存在を常に承知しており，自分の面倒を見ることができない，非常に高齢な者は常に存在している。

社会の実質的な変化

しかしながら，我々は，過去数年の間に起きた実質的な変化を見過ごすことはできない。

我々は，障害を有する者を隔離し，自宅に監禁し，あるいは通常の生活から遠く離れた閉ざされた施設に入所させておくことはできず，社会に完全に包摂する必要があると，既に確信しているところである。実際，障害を有する者の排除は，まず，それらの者を包摂すべき社会の不適切さを示すものである。

高齢者の増加

さらに，過去数年間，非常に高齢な者の数は非常に増加している。つまり，より多くのいわゆる人生第4期の人々が社会の中で生活するようになっており，我々は寿命の伸長を大いに喜ぶべきである。これらの高齢者は，また，極めて健康であり，実質的な医療を実際には必要としないかもしれない。しかし，あたかも40歳または60歳であるかのように，自身あるいは家庭の面倒をみることは，そうは言っても，やはり，できないかもしれない。

家庭の変容

我々の生活様式も実質的に変化してきている。多世代の家庭は消えゆく傾向にある。移動性が増大し，家族の構成員そして友人すら，遠く離れて暮らすようになってきている。一人親そして単身の世帯は，もはや例外的なものではない。これらの全てのことは，一時的あるいは永続的な自律の喪失について，周囲にいる家族の構成員により，対応するという伝統的な方法を消滅させる傾向

にあることの原因となっている。障害を有する者を社会に包摂するため，増加している非常に高齢な者等に対応するために，より多くの介護が必要である正にそのときにである。

したがって，家族により，あるいはインフォーマルな関係（隣人，友人）を通じて，要介護者に対しケアが提供されないとすれば，そのケアは，市場において購入される必要がある。しかし，ほとんどの国において，特に介護提供者が特別な専門的条件を満たす必要がある場合には，その人件費は高いものとなる。

施設入所と不十分な年金

これらの全てのことにより，家族あるいはインフォーマルな介護者がいない場合には，たとえ，いくらかの援助により，自宅にとどまること（おそらくそのことを望んだであろう）ができたとしても，要介護者は，必要なケアを受けるため，極めて迅速に老人ホームへの入所を申請する必要があるという事態が，極めて頻繁に起こることとなる。介護施設への入所はほとんどの場合非常に高価でもあるため，年金生活者にとってはそれまで常に十分であった退職年金が突如として不十分なものとなり，年金生活者に，人生において初めて社会扶助を求めることを強要することになる可能性がある。おそらく，公的な社会扶助施設は，施設入所費用を直接的あるいは間接的に負担するよう要請されることになるであろう。

介護の医療化

人が完全に自分の面倒を見ることができない場合に，しばしば用いられる別の回避手段は，問題を医療化することにある。人は，介護施設への入所ではなく，保健医療施設への入所を求めることになる。その結果は，より一層の費用である。つまり，人々は病院に入院し続け，病気になるのである。

制度的対応の必要性とその方法

したがって，我々は，依存状態という現象について新たな社会的リスクとして対応しなければならないと結論づけることができる。ケアが，量的にも質的にも変化したためであるばかりでなく，伝統的な社会的リスクの範疇（保健医療，障害給付，老齢年金）の中でこのリスクに対処することが，部分的な解決しかもたらさず，伝統的な社会保障制度に不適当な方法で負担を課し，依存状態という現象に対応する包括的な政策を不可能なものとするからでもある。別個の社会的リスクおよび社会的保護制度を構築するよりほかに代替案はないのである。

依存状態を別個の社会的リスクとして同定する必要があるとすれば，その方法は，数多くある。

それは，ケアのニーズに対するアプローチの方法とともに既に始まっている。いくつかの出版物においては，ケアのニーズおよびそれに対応するケア制度は，依存状態それ自体に限定されていない。つまり，ケアは，人間性の完全な発展のために必要とされる全ての支援として認識されている。ケア制度と依存状態それ自体に対応する制度とのこのような区別について，いかようにも考えることができるかもしれないが，後者は，前者の下位の範疇にすぎず，ほとんどの国における社会保障法の現在の状況では，ケア制度の対象は，全体的あるいは部分的な依存状態を対象とするという範囲を超えるものではないと考える。

ケアのニーズの問題が関係する者の肩のみに負わされることのないようにすることは，依存状態に関する真に新しい社会保険を創設することによって達成されるかもしれないが，他の方法によっても実現できるかもしれない。つまり，

○必要なサービスおよび物を提供する公的なケアシステムを創設することによって

○依存状態をカバーする制度を，社会保険の領域ではなく，むしろ社会扶助の領域に組みこむことによって

あるいは,
　○依存状態のリスクを民間によりカバーすることを支援し,そして,可能で
　　あればそれを強制的なものとすることによって
である。

適用範囲と依存状態のレベル

　適用範囲は,全く自分の面倒を見ることができない者のみになるかもしれないが,ほとんどの場合,ケア制度は,様々なレベルの依存を区別している。食事を作れない,あるいは掃除をすることができない者は,依然として一人で起床,臥床ができ,入浴ができるにもかかわらず,ケアの必要性があるかもしれないことは明らかである。それぞれの依存のレベルに対応し,適切な給付が行われるであろう。

給付方法

　依存状態に対応する制度の給付,特に,依存状態に対する社会保険の給付は,現物給付および現金給付を含むかもしれないが,ほとんどの場合,この制度は,現物給付の提供を選好するものである。つまり,現金給付が,現物給付が提供する市場価値に相当することはめったにない。

　現物給付は,家の掃除をする人の派遣,食事の宅配,週当たりの一定の時間における専門的な介護者あるいは看護師の支援などから構成されるかもしれない。現物給付の範囲は,いくつかの国における保健医療サービスの場合のように,償還制度によっても構成されうる。しかしながら,これまでのところ,これは例外的なもののようである。

　現金給付は,非常に多くの場合,依存の程度により異なる一定額の定期的な支払いにより構成される。現金給付は,資力調査の対象となる場合もならない場合もある。

　要介護者が,介護施設に移る必要がある場合,依存状態に対応する制度は,全体的にあるいは部分的にそこにおける滞在費を負担するかもしれない。しか

しながら，一般的には，依存状態に対応する制度は，要介護者をできる限り長く自宅にとどまらせようとするものである。

配偶者，親，子ども，友人などのインフォーマルな介護者によりケアが提供される場合は，現金給付が適当であろう。このような場合，インフォーマルな介護者の年金保険についての社会保障保険料の支払いなど，他の給付についても社会的制度に含められるかもしれない。介護代行サービスあるいは給付は，インフォーマルな介護者が定期的に休暇をとり，あるいは，仕事に従事することができるよう，創設されるかもしれない。

人的適用範囲

依存状態に対応する制度の適用範囲は，全ての住民であるか（普遍的制度）あるいは，職業的に活動している者のみに限定される（職域制度）かもしれない。さらに，一定年齢以上の者のみ（例えば，80歳以上の者のみ）あるいは，年金生活者のみに限定されるかもしれない。介護施設の入所者は除外されるかもしれないが，ケア制度は，施設入所者のニーズについても特に対応するかもしれない。

制度の特徴

おそらく，個々の依存状態に対応する制度全てによって共有される特徴は，それらの制度は，皮相的なものではないということである。依存の程度の違いにより，様々な給付が求められる。施設入所者および在宅生活者の基本的な違いによっても同様である。依存状態に対応する制度が，ただ一種類の給付のみを提供することは滅多にないものである。多種多様な給付は，一体として，要介護者の必要性を満たすためのものである。

第14章
生活困窮

人たるに値する生活の保障

生活困窮の表題の下で,我々は,扶助に関する社会保障制度,つまり,人たるに値する生活をするための資力を提供することを第一義的な目的とする制度について,取り扱うこととする。

社会扶助の提供責任

多くの国においては,困窮者に扶助を提供することは,社会保障制度に体現された公共連帯のみの役割とは考えられていない。家族関係,教会,社会的団体およびあらゆる種類の慈善団体も,連帯の確立において重要な役割を果たすと考えられている。しかしながら,何世紀にもわたり,困窮者に扶助を提供することは政府の義務の一部であると考えられてきたという事実は残る。このため,政府機関は,まず,貧困に陥った人を世話することを目的とした公的慈善機関を創設した。貧困者は,これらの機関のサービスを求めることができるが,提供される給付に対する主観的権利(すなわち,受給資格)は有していなかった。社会扶助に対する権利については,今日,ほとんどの国において,条件を満たす者は誰でも社会扶助の受給資格を有することとなるよう,「反射的権利」あるいは正当な利益から主観的権利あるいは法的資格への転換が見られるところである。しかしながら,ほとんどの国においては,社会扶助の管理運営機関は,特に,臨時の社会扶助に関する限り,意思決定について一定の裁量権

第14章 生活困窮

を保持している。

一般扶助制度と類型別扶助制度

扶助制度は，一般扶助制度と類型別扶助制度に区分することができる（第4章参照）。一般的あるいは普遍的扶助は，その必要性の原因が何であれ，全ての者が人たるに値する生活をするのに必要な資力を利用できるようにすることを目的とするものである。類型別扶助制度は，特定の社会的リスクの影響を受けた集団に対し，尊厳ある生活を送るのに必要な資力を提供することを目的とするものである。失業者あるいは困窮高齢者に対する扶助は，最も一般的な類型別扶助制度と位置づけられるものである。（特定の範疇の）心身障害者に対し，生存のために必要な資力を保証するものである特別扶助制度（いつもこのように表されるわけではないが）もある。これらの扶助制度は，時として，生存のために必要な水準の給付ばかりでなく，障害を有する者の社会的活動に関する特別の費用（の一部）を負担することとなる給付（「統合給付」と呼ぶこともできるであろう）についても提供するものである。

最低賃金制度のない国においては，正規雇用者が，いつも，自分自身および人たるに値する生活を送ることができるようにする責任を有する者の双方のために十分な資力を生み出すことができるわけではないかもしれない。その結果，そのような国においては，しばしば，生存のために必要な水準に達するために，勤労所得について類型別扶助制度が補足しているということが見られる。資力調査を条件とするいくつかの形態の家族手当は，社会扶助に非常に近いものになるかもしれない。

資力調査の対象

扶助制度の人的な適用対象範囲については，既に，第4章で取り扱ったところである。一般に，扶助の申請をすることができるためには，困窮あるいは極貧の状態にあることが必要であろう。したがって，各社会扶助制度は，資力調査を包含している。資力調査の種類，実施および関連する問題については，既

に，第6章で取り扱ったところである。社会扶助においては，資力調査は，ほとんど包括的なものであり，勤労所得のみに限定されるものではない。さらに，ほとんどの場合，家庭の他の構成員についても関心が向けられるであろう。つまり，その資力についても，しばしば，勘案されるのである。制度によっては，時として，特定の資力が資力調査の対象から除外されるかもしれない。たとえば，有償労働からの一定の所得は，失業中の社会扶助の受給者が労働し，自ら稼ぐことを促進するために除外されるかもしれない。さらに，資産または資本が，通常，勘案される場合，たとえば，普通の住宅についても，しばしば，考慮の対象外とされるであろう。同様のことは，時として，特定の目的のために蓄えられ，あるいは蓄えられていないかもしれない少額の貯蓄および私的な慈善のための贈与についても言えるものである。

扶助の受給要件

扶助の受給資格を得るためには，困窮それ自体の状態にあることでは十分ではない。何らかの自らの所得を得るための努力をすることも期待されるものである。また，たとえば，必要があれば，訴訟を提起してでも，支払期日が到来している自己に支払われるべき債務を回収しなければならないであろう。扶助の受給資格を有する者は，しばしば，扶助の申請をする前に扶養義務を有する者に援助を求めることも期待される。しかし，扶助の受給資格を有する者が扶助を申請する前に果たすべき責務も簡易化されるかもしれない。社会扶助の実施機関は，扶助を与えておいて，結局，後日，扶養義務を命ぜられた者から，代位請求により扶助費用を回収することができる。この点に関して，扶助機関には，裁量が認められるかもしれない。つまり，扶助費用の回収代位請求権を行使するかどうかを選択できるものである。しかしながら，今日，扶助機関は，ますます，法律により，費用回収を行うよう義務付けられるようになってきている。扶養義務あるいは扶養命令は，配偶者間，子どもに対する親あるいは親に対する子ども，あるいは（いくつかの国においては）他の家族の構成員の間，つまり，たとえば，兄弟姉妹の間，あるいは孫に関しても，存在するかも

第14章　生活困窮

しれない。扶養命令は，離婚あるいは別離の際にも，法的に発せられ，あるいは合意されるかもしれない。扶養命令は，元の配偶者に対し，その相手方あるいは子どもの扶養のために負担を求めるものである。

　明らかに，扶助の受給資格を有する者は，まず第1に，人たるに値する生活を送るために働くことが期待されている。失業制度の場合，そうであったように（第10章参照），扶助の受給資格を有し，かつ，労働可能であると考えられる者（つまり，一般に，老齢あるいは労働不能給付の受給資格を有しない者）は，労働を厭わず，労働の意思を持たなければならない。しかし，適職という概念は，ほとんどの場合，失業制度における場合とは，異なる方法で説明されるものである。扶助の受給資格を有する者は，より大きな職業上の柔軟性を有していると期待される一方で，特定の状況においては，一定の仕事が適職でないとされる理由が，より多く挙げられやすいであろう。いくつかの場合において，すすんで労働することを求めるという要求は，資力調査の影響により，ある程度，弱められるようである。したがって，資力調査の結果として，扶助を受ける者から有償労働による各所得を差し引くことは回避することが最善である。労働の意思は，扶助の受給資格および労働能力を有する者が，適当な労働を通じて，所得を得る全ての機会を利用することの期待においてのみ要求されるものではない。多くの国においては，公共の福祉のための仕事への参加義務という形でも表されている。ある国においては，この義務は，受けた扶助の見返りとして期待される代償として見なされるものである（この観点から，時として，「ワーク　フォ　ウエルフェア（work for welfare）」の短縮形である「ワークフェア（work-fare）」が語られる）。社会扶助制度は，ますます，管理運営機関および社会扶助を受ける者に対し，それぞれの権利および義務をいわゆる「契約」の中に規定させるようになってきている。これらのいわゆる「統合契約」においては，（扶助との交換条件として）関係する者が社会に再統合することを可能とする一定の自発性を表示することを約束するものである。これらの自発性は，多くの場合，有償労働に関係するもの（有償労働の職探しおよび実施の義務）であるにもかかわらず，教育，職業訓練，あるいは，アルコールまたは薬物解毒およ

びリハビリテーションプログラムへの参加にも関係するかもしれない。

社会扶助給付の「未請求」

　一般に，扶助給付は，受給資格を有する者により申請されるべきであるが，社会扶助法においては，この原則は，しばしば，適用されない。つまり，社会扶助の実施機関は，自ら，扶助の給付手続きを進めることができる。社会の最も弱い集団において，しばしば，最も明白に現れる個人の権利の否定，依然として，扶助の必要性が，極めて頻繁に烙印を押すことになるという事実，および扶助申請の結果として，扶養の責任を有する（そして，多くの場合，むしろ極貧でもある）家族の構成員に降りかかるかもしれない義務履行の請求に対して人々の抱く遠慮．これら全てのことは，多くの社会扶助制度において，実際に扶助を受けている人の数が，この扶助の受給資格を有する人の数に比べて明らかに少ないことを説明するものである。換言すれば，いわゆる社会扶助給付の「未請求」についての大きな問題があるのである。

扶助の給付形態

　扶助は，現物あるいは現金の形で給付され得るものである。しかし，石炭あるいは食料の配給のような現物給付の社会扶助は，より烙印を押す度合いの大きいものと認識されるかもしれない。しかしながら，現金給付による扶助の不都合な点は，現金があらゆる種類の目的に使用され得るものであり，したがって，アルコールあるいは薬物の購入にも使用され得ることである。時として，社会扶助の給付においては，一定の物の購入にしか交換できない，一定の価値を表すバウチャーの付与からなる，現物と現金給付の扶助の中間形態が利用されるであろう。

　扶助は，定期的あるいは臨時的な扶助給付の形態を取り得るものである。

　定期的な扶助は，一般的に，扶助の受給資格を有する者に，適用期間を通じて人たるに値する生活を送るために必要な資力を提供することを目的とするものである。扶助給付額の通常の決定方法は，第6章において，既に取り扱った

ところである。

　臨時的な扶助は，一般的に，たとえば，洗濯機のような耐久消費財が壊れた場合の買い換えのための特定の費用を補償することを目的とするものである。臨時的な扶助の場合，社会扶助の実施機関は，一般的に，政策策定について，より広い自由度を有するものである。臨時的な扶助は，現金，現物の形態あるいはバウチャーを通じて付与され得るばかりでなく，債務保証，あるいは，低利息あるいは無利息の融資からも構成され得る。さらに，非物質的支援も，たとえば，家計相談という形態で提供されるかもしれない。

　類型別扶助制度においては，臨時的な扶助は，時として，非常に特別な形態をとるであろう。たとえば，障害を有する者に対する扶助は，その者の住宅の改修あるいは車の修理の必要がある場合に，支援を提供するかもしれない。

　医療扶助は，臨時的な社会扶助の非常に特別な形態からなるものである。その他の方法では十分な保健医療が確保されない人についても，依然として，保健医療が保証されることを確実にするものである。

社会扶助の給付制限

　社会扶助の実施機関が提供された扶助を回収する可能性，つまり，第三者から回収する可能性，場合によってはその義務については，第17章において詳しく取り扱われるであろう。社会扶助の範囲内で行われる制裁の特性についても，第17章において，より詳しく検討されるであろう。これまでのところでは，社会扶助は，その受給者に人たるに値する生活を送るために必要な資力を提供することを目的とするものであることから，扶助あるいは生存に必要な水準の給付の完全な，もしくは部分的な，あるいは一時的な拒否さえも，人間の尊厳それ自体を阻害するかもしれないと言えば十分であろう。したがって，このような制裁は，どのようなものであれ，最大の注意をもって，そして関係する全ての利益が考慮されたのちに初めて，課されるべきものである。

第15章
社会保障の資金調達

社会保障給付に必要な資金の調達

　社会保障給付は，多額の費用を要するものである。したがって，必要な資金が調達されなければならない。今日の社会保障法は，一般的に，受給資格を有する者に，社会的給付に対する真の主観的権利を付与するものであることから，予期される支出をカバーする適切な方法が見つけられなければならない。いくつかの例外的な場合においてのみ，最初に一定額が定められ，それが枯渇するまで支出が行われることになる。一定の財政的枠組でのこのような支出は，いくつかの保健医療制度および社会扶助制度において，時として，発生しうるものであろう（総枠予算アプローチ）。社会保険制度においては，積立方式（capitalized or funded system）（本章の後の記述を参照）内の「確定拠出」アプローチにより，資金調達の問題を克服することも試みられるかもしれない。つまり，後に支出される給付は，同一人物により，あるいはその者のために支払われた（確定した）拠出を基礎として計算されることとなる（投資による結果としての利益および損失のプラス・マイナス額）。しかしながら，一般的には，予算上の資産は，将来の請求に応えるに十分なものでなければならず，したがって，将来的な支出が予測されなければならない。予算が，後になって，楽観的すぎたことが明らかになる場合，赤字が生じるであろう。その反対に，余りに多くの資産が提供され，その全てが利用されるわけではない場合，余剰金が生じるであろう。

第15章 社会保障の資金調達

資金調達の形態

　社会保障システムあるいは社会保障制度の予算は，政治権力を有する機関あるいはその政治権力によって統治される機関により定められるものである。明らかに，このシステムあるいは制度が政府資産により資金調達されればされるほど，それについて，政府の管理がより強く及ぶようになるであろう。

　社会保障システムの財務資産を集める最も一般的な方法は，関係者の拠出および政府の補助に依拠することである。時として，あらゆる種類の「目的」税，「影響」税，社会保障機関の資産売却益からなる利益および社会保障システムからサービスを享受している者の利用者負担などの他の代替的な資金調達の形態が加えられるであろう。次の段落以降，資金調達のこれらの形態について，詳細に検討する。

保険料

　ほとんどの社会保険制度は，少なくとも部分的には，社会保険の被保険者自身およびその使用者によって支払われる保険料により資金調達される。

被用者保険における保険料

　被用者の社会保険制度においては，実際，使用者と被用者の保険料を区別している。使用者の保険料は，通常，被用者の名目賃金（つまり，被用者保険料および賃金所得税を控除する前の賃金）の一定割合として計算される。被用者保険料もこの賃金をもとに計算される。拠出割合（あるいは拠出額）は，政府あるいは関係する社会保険制度を運営する社会保障機関により定められる。保険料の基礎をなす賃金は，実質賃金あるいは稼得額上限（この上限を超える部分の実質賃金の額については，保険料が課せられない）付の賃金のどちらかであり得る。この保険料の基礎の上限あるいは限界は，被用者保険料，使用者保険料あるいはその両者に適用され得る。一般に，被用者保険料の額は，使用者保険料の額を超えないものである。使用者保険料だけが課されることもあり得る。前述のとおり，保険料は，ほとんどの場合，保険料の基礎の一定割合として計算される

ものである。その結果，社会保障保険料は，比例的，あるいは，(限界設定の結果)時として，逓減的ですらある。これは，ほとんどの国において累進的な性格を有する所得税とは反対のものである。

 比較の観点からは，被用者保険料と使用者保険料の分割は，労使間の力の一定の均衡および一定の労働市場の状況のもとで，名目賃金の決定方法をともに定めるものであるため，この分割は無意味なものとなる。名目賃金額は，社会保障に関し，中立的ではなく，その名目賃金に後に税金および保険料が課されるということを受けて確定されるものである。一国内においては，これらの労使の保険料の関係が固定され，名目賃金が決定されたとたんに，被用者と使用者の保険料の分割の変更が意味のあるものとなることは，明白である。依然として重要なことは，使用者が被用者を働かせるように支払う額と全ての保険料の控除の後に被用者が受け取る額の差である。この相違は，いわゆる「くさび(wedge)」と呼ばれるものであるが，これは社会保険の原価を明らかにするものである。

自営業者の保険料

 明らかに，自営業者のための社会保険制度は，拠出責任の対象となる賃金により運営することはできない。ここでは，保険料の基礎は，実質，推定または申告された勤労所得について，計算されるものである。いくつかの国では，その所得および徴収される保険料を決定するため，税務署との協力関係が存在する。課税当局により確定された勤労所得を出発点とすると，これは，最終的な拠出責任の評価の遅延につながるかもしれない。自営労働の当初の期間については，ほとんどの場合，暫定保険料の制度が利用されるであろう。自営業者の保険料の徴収を担当する社会保険機関が実質所得を決定することが困難あるいは不可能ですらあると考える場合，所得の推定がなされるか，あるいは自営業者自身により申告された所得が利用されるであろう。後者の場合，自営業者が，十分な勤労所得を申告することは意味があるものであると認識する(利益の可能性について)ようにしなければならないことは，明らかである。自営業者

のための社会保険制度においては、保険料の基礎の上限も存在するかもしれないし、時として、最低保険料さえ存在するかもしれない。最低保険料は、実質、推定または申告された所得を考慮する通常の計算方法によっては、そのような高額の保険料とならなかった場合でさえも、支払わなければならないものである。この種の保険料は、配分される給付の全てが拠出責任の対象となる勤労所得と完全に関連する訳ではない場合に、必要なものとなる。このような給付（たとえば、保健医療）が保険料という形態の適切な見返りなく享受されることを防止するため、これらの最低保険料が必要となる。この種の濫給に対処するための代替手法としては、人的な適用対象範囲から、一定の限度に達しない勤労所得を有する自営業者を除外する方法がある。さらに、このようなアプローチは、自営業者に限定されなければならないものではない。非常に低所得の被用者にも適用され得るものである。

被用者、自営業者、公務員の比較

ほとんどの国において、被用者と自営業者の保険料負担を均衡させる傾向にある。これは、実際上は、給付が同じである場合、自営業者の保険料は、使用者と被用者の両者の保険料の合計まで引き上げることがいつも可能であり、または必要であるわけではないが、被用者の保険料に比べて多くなければならないであろうことを意味する。時として、公務員の保険料は、低く設定される必要がある。そのようなことは、その勤労所得の特別の性質により正当化され得るものである。つまり、社会的給付、特に年金額を高く設定することは、民間部門における賃金に比較して公務員の賃金が低いことに対するある種の補償として考えられている。しかしながら、現在のところ、公務員の拠出責任を民間被用者のそれに合わせる傾向になってきている。

全ての住民に適用される場合

社会保険制度が全ての住民に適用される場合、保険料は、一般的には、全ての課税可能な所得あるいは勤労所得に基づいて賦課されるであろう。そして、

それは，おそらく一定の額に限定されるであろう。

使用者としての政府の保険料負担

多くの政府使用者は，特別の使用者保険料を「支払う」。この，しばしば目に見えない「保険料」は，政府使用者の負担となる社会保険給付の財政負担からなるものである。ここにおいて，我々は，明らかに，社会保障制度のもう一つの実質的な収入源，つまり，政府補助金に近づくことになる。

保険料の徴収方法

保険料は，その負担の責任を負う第三者により，直接，保険料の徴収責任を負う社会保険機関に渡され得るものである。しかしながら，一般的には，より実際的な徴収のための措置がとられている。たとえば，被用者保険料は，一般的には，（使用者保険料とともに）社会保障システムに一緒に支払うために使用者が被用者の賃金から控除するものである。したがって，使用者は，自らの保険料の支払い義務ばかりでなく，その被用者の保険料の支払い義務についても負うものである。その拠出基礎（あるいはその拠出基礎の計算の出発点）として課税可能所得あるいは勤労所得をとる保険料は，しばしば，個人所得税とともに徴収されるであろう。課税当局によるこの徴収が，徴税収入全体への保険料の組み入れではなく，むしろ，別個の社会保障基金への移転につながるものである限り，税務署を通じたこの徴収によって，保険料が税とみなされなければならないことにはならない。

使用者保険料については，使用者の所要経費として，その営業収入あるいは利益から控除されるであろう。一般に，使用者保険料は，被用者のために課税されないであろう。しかし，後に支給事由が生じたときに，支給される給付に対して，ほとんどの場合，課税されるであろう。被用者保険料は，被用者の所得の一部として課税される場合も，そうでない場合もある。一般的には，それには課税されないが，後に支給される給付には課税されるものである。一定の社会的リスクを対象とする地区・会社・個人で加入する民間保険の保険料は，

完全に課税対象となる場合も，そうでない場合もある。場合にもよるが，これは，ほとんどの場合，非課税（拠出の段階では非課税——訳注），つまり，後に支給される給付を課税対象とすることにつながるものである。確かに，このような保険料および給付に適用される財政上のシステムは，このような補完的社会保障の措置の魅力に大いに影響を与えるであろう。

　ある国は，自身の保険料およびその被用者の保険料を（さえも）実質的に社会保障制度に移転させる意思がないか，あるいはその能力さえない使用者に直面する。さらに，制裁の適用は，時として，逆効果であり得る，特に，使用者の破産および被用者の解雇につながるかもしれない場合には，そうである。

制度ごとの保険料の設定

　いくつかの国においては，保険料（および政府補助）は，社会保障制度ごとに定められる（社会的リスクごとの場合さえもある）。他の国においては，保険料（または補助）は，社会保障システム全体について定められる。分離された資金調達の措置は，区分された給付制度内での財政の正統性をより良く保証するが，一つの制度における黒字と他の制度における赤字ということにもつながるかもしれない。そのような状況は，資産を一つの制度から他の制度に移転することにより対処可能であるが，極めて多くの場合，そのような移転は，法律あるいは政府によって認められておらず，また，黒字を生み出す社会的機関にとって魅力的なものではない。このことは，ある社会保険団体は市場において資本投資を行う一方，他の団体は市場価格での借入金の協議を行うことを強いられるという奇妙な状況をもたらすかもしれない。言うまでもなく，金融機関のみがこれら全てから利益を得ることができる。

付加価値等に対する保険料の賦課

　保険料に関する段落の締めくくりとして，我々は，既に述べた全ての保険料は，常に社会保険の対象となる人およびその勤労所得に関連していることを指摘できる。人に負担させるばかりでなく機械にも保険料を支払わせるべきとい

う提案が繰り返しなされてきたところである。このようにして，雇用が奨励される一方，労働集約部門は，多少，救われることになるかもしれない。しかしながら，これまでのところ，機械，付加価値あるいは会社の売り上げに対し保険料を賦課するということはあまりない。

社会保障給付に対する保険料の賦課

我々は，保険料は，ほとんどの場合，関係する者の勤労所得に対し賦課されることを見てきた。伝統的には，社会保障給付それ自体に対し，保険料が賦課されることはなかった。しかし，これは急速に変化してきている。ますます，社会保障保険料が，社会保障給付に対して（勤労者の勤労所得に対するものと同率であるいはより低率で）賦課されるようになっている。このような賦課は，所得代替給付にのみ行われ，費用補償的給付それ自体には行われないということが唯一論理的である。徴収された保険料は，当該の給付の費用を負担した社会保険制度の資金調達に利用されるかもしれないが，これは滅多にあることではない。それよりむしろ，ほとんどの場合，他の社会保険制度の資金調達に利用されるであろう。この点については，老齢年金に賦課され，高齢者の保健医療給付の資金調達に利用される保険料を考えることができる。また，我々は，いくつかの場合において，児童手当は費用補償的給付であるにもかかわらず，課税可能な所得に追加されることに留意しなければならない。

政府による資金調達

社会保険制度，社会扶助制度双方とも，政府により資金調達され得るものである。前者については，極めて多くの場合，制度のかなりの部分について，後者については，一般的に，制度の全てについて，政府により資金調達されるものである。デモグラント（demogrants）は，一般的には，その全てについて政府により資金調達されるものである。その目的のため，政府資産全体の一部が，社会保障制度の利用に供される。政府補助の形態による資金調達は，社会保障制度の全ての支出に関わるかもしれない。また，それは，社会保障支出の

第15章 社会保障の資金調達

一定割合に設定され，追加的な資産は保険料により提供されなければならないかもしれない。それは，政府自身が特に責任を有すると認識する一定の者または状況（たとえば，障害者，戦争被害者）に関連する一定の支出を対象とするかもしれない。最後に，それは，社会保障制度が有すると思われる赤字にも関係するかもしれない。

社会保障制度に対する政府補助は，必ずしも同一の政府に由来するものではない。社会扶助制度に関する限り，費用の一部は，その特定の制度の管理運営責任を有する地方政府により，しばしば，負担されるものであり，他の部分は，地域政府，あるいは中央政府により資金調達されるものである。

政府自体は社会保険制度あるいは組織を補助する法律上の義務を有しない場合においてさえ，しばしば，法律に基づき，社会保険組織が支払うべき請求については，政府が保証人となるであろう。したがって，それらの組織の一つが支払い不能になった場合に財政上の影響があるかもしれないが，政府はこれらの請求が保証されることを請け合うものである。

「代替的な」資金調達

保険料および政府補助に加えて，他の「代替的な」資金調達の形態も，多くの社会保障制度において存在している。

まず，いわゆる「社会的収入」，あらゆる種類の「目的税」あるいは「影響」税（これらは，時として，そのように呼ばれないかもしれない。そのような場合には，「拠出金」と呼ばれる。）がある。これらの収入は，単に政府の一般収入に組み入れられるのではなく，むしろ，社会保険制度に割り当てられるものである。その目的のため，時として，その収入から恩恵を受ける社会保障制度の対象とされる社会的リスクに目的税の目的を関連づける試みがなされてきたところである。格好の例は，たばこ製品に対する「影響税」の課税であり，その収入は医療保険に移転されるものである。あるいは，会社の負担により徴収され，会社幹部の社会保険組織の資金調達に利用される保険料も例として挙げられる。しかし，これらの「社会的収入」は，社会保障組織あるいは制度の資金調達の話

となると，一般的には，その重要性はかなり限定的である。

　社会保障機関は，それ自身の収入を有すること，あるいは，時間の経過とともにそれ自身の資本を発展させることも可能である。その場合，これらの資産の収益は，社会保障の資金調達にも利用され得るものである。実際に，社会保険制度が，株式資本に連動する場合，資産売却益についての正確な投資が，制度の資金調達にとって最重要にすらなるであろう。

利用者負担

　いったん，社会保障制度の人的な適用対象範囲に個人が含まれることとなれば（そして，対応する保険料を支払えば），制度のカバーする社会的リスクの出現に直面した場合は，いつでも，これに対応する給付の請求ができることが確保されなければならない。この給付は，一般的には，負担を伴わないものであろう。しかしながら，今までのところ，問題の給付を受ける時点で，利用者負担を支払わなければならないかもしれない。利用者負担の支払いについては，保健医療および介護の場合に，極めて多く見られることである。たとえば，外来受診あるいは医薬品購入の場合，社会保険の被保険者は，費用の一部を負担するものである。このような利用者負担は，関係する被保険者の責任感を鋭敏なものとし，医療の消費を鈍化させるであろう。このような利用者負担は，費用の一定割合として計算され，あるいは，一定額として行われるものであるかもしれないが，これは，社会保障組織の資金調達を支援することができるものである。あるいは少なくともそう言われている。しかしながら，我々は，これを違った観点から見ることは十分可能であると信じる。確かに，利用者負担の措置は，実際上は，社会的リスクの保障範囲の制限に他ならないものである。それ自体としては，利用者負担は，社会保障組織の資金調達の手段ではなく，むしろ，その社会保障組織により支出される費用を単に限定する方法にすぎないものである。

第15章　社会保障の資金調達

使用者の負担

　時として，個々の使用者は，その被用者に支払われる社会保障給付の費用を負担しなければならないであろう。使用者は，関連するリスクに再保険をかけるか，リスクを自ら引き受けるかを決定することができる。後者の場合，関係する社会保険の措置についての「資金調達」は，そのような社会的給付が生じた場合にそれをカバーするための会計簿上の必要な準備金の引き当て以上のものではないであろう。そのような経理上の準備金は，会社により創出された年金制度において見られるかもしれない。いくつかの使用者は，自らの業務災害についての保険者としても振る舞い，あるいは，その被用者が受け取る疾病給付の費用を負担しなければならない。

賦課方式と積立方式

　ほとんどの社会保険および社会扶助制度は，「賦課方式」(pay-as-you-go or repartition) を基礎として運営される。つまり，現在の保険料は，現在の社会保障給付の支払いに充てられる。少数の法令による強制的社会保険制度のみが，「積立」方式 (capitalization or funded way) により運営される。つまり，現在の保険料は，その保険料を拠出した者に（おそらく）後に支給される給付の資金調達に利用される。積立方式の範疇においては，確定拠出により運営されるものと確定給付を基礎として運営されるものを区別できるかもしれない。積立の手法は，長期給付に最適であり，短期給付あるいは費用補償的給付には適切でないようである。補足的民間保険は，ほとんどの場合，積立を基礎として運営されるものである。いくつかの国では，社会保障は，様々な社会的目的（住宅の購入，保健医療費の支払い，生命保険等）のために利用され得る個人貯蓄口座の組織を含むものである。これらの個人貯蓄口座は，積立の極端な形態としても認識され得るものである。

　積立方式から賦課方式に移行することは，特別の問題を惹起するものではない。しかし，その逆はより困難である。それは，移行の後，現役世代は，現在の年金生活者（その者自身，賦課方式の下で生活している）および後に支払われる

自らの年金の双方のために拠出金を支払わなければならないことを含意するからである。したがって，賦課方式から積立方式へのそのような移行は，（現実，あるいは仮想の）現在の賦課方式の破綻の後，あるいは（海外からのあるいは国際的な）借り入れが，従前の賦課方式のもとで得られた受給資格を対象とすることを許容する場合に限り，実現可能性があると思われる。近年，いくつかの国では，法定の年金制度に混合した性格を付与するため，その改革を実施している。つまり，相当部分は，賦課方式を基礎としたままで，新しい，限定的な部分は積立方式を基礎とするものである。

　賦課方式は，一般的に，1年を単位として運営されるものである。つまり，その年の保険料は，その年の支出をまかなうことができるよう計算されるものである。それでも，時として，賦課方式は，より長期の時間的枠組み（たとえば，7年の期間）で運営することが可能である。その場合，その制度がより長期の期間においてなされる請求をまかなうことができるよう，十分な資産が常に利用可能でなければならないであろう。また，個人口座に拠出ポイントの形態で登録される保険料を含む（年金）制度も存在する。毎年，そのようなポイントの価値は，金額として表示されるものである。後に配分される（年金）給付は，収集されたポイント数に対応するものである。次に，そのポイント数は，年金の支払いの際に，その特定の時点のポイントに対応する金額に変換されるものである。

　既述の2つの例のような一定の賦課方式の形態と同様に，積立方式は，一般的には，それを通じて，社会保障制度の資産が収集され，管理される基金の創設を含むものである。確かに，そのような基金がより多く資産を保有するほど，基金は金融市場に対しより大きな影響力を及ぼすであろう。賦課方式は，特には，そのような基金を必要としない。一定の「流動資本」，つまり，概ね円滑に（現在の）請求に対応するために利用可能な一定の資金供給により，運営可能である。

　制度が既にかなりの年数存在している場合，賦課方式と積立方式の実際の区別は明らかである。それは，現役の加入者によりもたらされた資産が，実際

上，まず，退職した加入者に支給される給付をまかなうために利用されるであろうからである。それでは，積立と賦課の実際の違いは何であろうか？積立方式においては，後に支給される給付は，（ほとんどの場合，世界的な）金融市場の展開に左右されるものであるのに対し，賦課方式においては，将来の給付は，（国内）労働市場における賃金の進展に従うものとなるであろう。

資金調達の直面する問題の原因

多くの社会保障制度（特に，保健医療および老齢年金に関するもの）は，現在，重大な資金調達の問題に直面している。これらの問題は，人口の高齢化および出生率の低下によるものである。さらに，より多くの若者が，より長い期間就学するようになる一方，それと同時に，より多くの国が，失業に対処するため，より早い段階で被用者を労働市場から退出させる手法を採用している。これが，労働年齢人口比率を悪化させる原因となっている。つまり，労働人口の減少と社会保障給付の受給人口の増加である。明らかに失業率の増加も，その現象に寄与してきた。さらに，保健医療の費用は，前例のない水準に達している。そして，このことが，高齢化する人口のより多くが，より多くの医療および他の形態の介護を必要としている時に同時に生じている。最後に，我々は，多くの国においては，現在の社会保険制度が完全に成熟し，その結果，本格的な年金の支払いを行うようになったのは，ほんのここ数年のことにすぎないという事実に留意しなければならない。さらに，これらの社会保険制度は，過去における，あらゆる種類の非就労期間（たとえば，幼児の養育のためのキャリアの中断）を（拠出の義務を負う）就労期間と同一視することにより，より多くの負担をかかえるようになってきている。

これら全ての点に関して，多くの国においては，次の点について確信が持たれるようになっていることに留意しなければならない。つまり，課税についてはその上限に達し，また，政府は，時として，かなりの公的負債により既にかなりの負担を抱え，資金に不足しており，したがって，財政的に社会保障制度を支えるために必要な資産を見つける可能性が少なくなっているという点で

ある。

資金調達の自治権の地域への移譲

　同一の連帯のネットワークにおいて，裕福な者から貧困者への，労働人口から退職あるいは就労前人口への，一つの世代から他の世代への，あるいは，一つの地域から他の地域への，資金の流れをはっきりと見ることができる。最後の状況，つまり，一つの地域から他の地域への資金の移動という状況が，一貫して，一つの地域に有利となり，他の地域の不利益となるのであれば，これは，おそらく，人々が，共通の連帯制度を維持することの必要性について疑問を呈する結果となるであろう。一つの国家の領域内に存在する社会保障組織の（資金調達の）自治権を地域へ移譲することに関しては，研究は，関係する国における金融および経済的統合の破壊につながるものではないこと，少なくとも社会扶助，保健医療，家族手当に関する限り，そうではないことを示している。これは，所得代替給付の自治権の移譲の場合には，異なるかもしれない。

賦課方式における世代間の連帯

　賦課方式においては，世代間の連帯についても維持されなければならない。そのような連帯は，労働世代は，前の世代の社会保障の請求に対応するための資産を提供する意思があることを含意するものである。しかし，それは，負担することが不可能となるかもしれない費用を将来世代に負わせることになるような社会保障制度を創設することのないようにするという現在の労働世代の自覚にもかかわるものである。

「租税支出」

　社会保障制度は，社会的リスクにさらされる者に保護を提供するものであるが，社会的リスクに対処するための他の方法もある。この点において，税制は，特に注意を向けるに値するものである。通常，課税可能な所得についての非課税あるいは減税措置により，時として，社会保障給付制度の創設に匹敵す

る効果を創出することができる。これは，いわゆる「租税支出」と呼ばれる現象である。

第16章
司法上の保護

管理運営機関による内部の審査

　社会保障の管理運営機関の決定に対して同意できない場合が起こりうる。それは，たとえば管理運営機関が，申請された給付の支給を拒否した場合，または申請者にとってあまりにも不十分と考えられる給付を決定した場合などに生じうる。それゆえに，法の支配を尊重する国では，社会保障の管理運営機関の特定の決定に不服のある者は，当該の決定に対して争うために必要な手段を与えられるべきである。つまり，彼らは一定の司法上の保護（judicial protection）を受けることができるとすべきである。

　多くの国で，社会保障の管理運営機関の決定に対して個人的な利害を有する者は，当該の決定が行われる前に，聴聞の機会を与えられなければならないとされる。

　ほとんどの国で，司法上の保護（judicial protection）の第1段階は，争いの対象である当該の処分を決定した社会保障の管理運営機関による内部の審査（internal checking）から構成されている。少なくとも利害関係者が，当該の処分に対して，後に訴訟を提起することが可能となることを望む場合は，彼または彼女はまず社会保障の管理運営機関に対して，その処分の見直しを請求することができる（または，時には請求しなければならない）。そうした請求については，実際に原処分を決定した管理運営機関の同級機関が取り扱うとすることもできるし，または上級の管理運営機関が当該問題の審査の権限を有すると定め

第16章　司法上の保護

ることもできる。時には，特別の審査部局が社会保障の管理運営機関の内部に設けられる場合もある。様々なこうした管理運営機関の内部手続きにおいては，原処分を決定した管理運営機関でなく，もう一つの管理運営機関がその紛争の対象である処分について審査することとなる。

　当事者はこの内部の管理運営機関レベルで満足を得ることができる場合もある。そうでない場合（もしくは内部の不服申立て手続きが欠けている場合），普通，当事者は裁判所による保護に頼らなければならないだろう。裁判所による司法上の保護については後に述べることとして，ここではまず，管理運営機関内部の不服申立てはそれ自体様々な形態をとることができることに留意しよう。すなわち，それは一定の正式な規則に従って行われることもあるし，または性質上，形式ばらないこともあり得る。当事者は概して管理運営上の不服審査機関（administrative appeal body）による聴聞の機会を有するであろう。しかし，多くの古典的な手続き上の諸権利は，必ずしも，内部の管理運営上の不服審査において前面に出てくるわけではない。たとえば，手続きは必ずしも互いに反論を尽くす対審的な方法で進められるわけではないし，また両当事者の平等も必ずしも十分に保証されるわけではない。そのうえ，新たに決定された裁決は必ずしも公表されるとは限らない，等々である。それにもかかわらず，新たに下された裁決は一般に理由が付記されており，それは必ずしも原処分の論拠の通りではない。したがって，概して言えば，当事者は裁判において裁決に対する反論を補強立証するのは，少なくとも，より容易であると感じるであろう。

裁判所による司法上の保護

　社会保障にかかわる事件について裁判所による司法上の保護は種々の形をとり得る。社会保障に関する訴訟は民事裁判所（civil court）または一般行政裁判所（general administrative court）の管轄内に入る。しかし，この通りではないことが多い。通常は特別の裁判所が社会保障訴訟を審理するために設置される。これらの裁判所は時には労働法事件のような他の訴訟についても管轄権を持つことができる。刑事裁判所（criminal court）は，たいてい社会保障の罰則

151

の執行について管轄権を有することが多く，一方，民事裁判所は多くの場合，管理運営機関による不法行為の結果，与えた損害の賠償に関して裁判管轄の権限を有する。

社会（保障）裁判所（social (security) court）は，他の裁判所と比べて，裁判官の構成および裁判手続きの両面で，しばしば異なっている。

これらの社会（保障）裁判所は，常任の裁判官であるか否かを問わず，専門家の裁判官によって構成され得るが，そうした専門家の裁判官（professional magistrates）に加えて，素人（非法律家）の裁判官（lay-judges）も社会（保障）裁判所の一員となることがある。後者（素人の裁判官）は社会保障（および労働）の分野に関して，優れた見識を持っていると考えられており，現実の生活に適した解決策を見出すことで，専門家の裁判官を補佐することができるとみなされている。これらの素人の裁判官は，ときには自営業者の組織から出ることもあるけれども，ほとんどは使用者の団体と被用者の労働組合の出身者である。そうした素人の裁判官は，一般的に，無期の任命ではない。

社会（保障）裁判所における手続き

一般に社会（保障）裁判所における訴訟手続きは通常の裁判所に比べてあまり厳格ではないし，形式的でもない。当事者は，法律実務家（たとえば事務弁護士（attorney），法廷弁護士（barrister）など）の援助なしに手続きを行うことができることが，他の訴訟の場合よりも多いであろう。訴訟当事者（litigant）はまた，職業上の組織や労働組合の代表，あるいは家族によってさえ援助または代理され得る。さらに当事者は，ときには無料の法律扶助を請求することもある。社会（保障）裁判所における訴訟費用は，当事者にとって通常は微々たるものである。つまり，訴訟費用はまったく請求されないか，管理運営機関の負担とされる。このことは，裁判所が当事者に不利な判決を下す場合であっても，その可能性がある。

また，多くの社会保障訴訟の特徴から言えることは，社会保障訴訟は，通常の手続きによる場合は，普通の民事訴訟よりももっと迅速に処理できるように

第16章 司法上の保護

すべきだということである。たとえば，医療のニーズや，労働不能（の程度）を査定する手続きはもっと早めなければならない。というのは，当事者が社会保障の給付あるいはサービスを求めた当初の申請のときに，管理運営機関が却下し，または容認すべきであったものを，誰であれずっと後になって，適正に判断できるであろうかという疑問があるからである。申請から1年経過した後に医療上の検査を行っても，必ずしも，それによって申請時の状態を正しく判断できるわけではない。それゆえ，社会（保障）裁判所はまた常任の医療の専門家を任用することもある。

社会保障訴訟では，立証責任（the onus of proof）の分配についても，また特有の問題を生ずる。それゆえ，社会保障法は推定（assumptions）にもとづいて運用されなければならないことが多い。たとえば，ある事故が業務上の事故（労働災害）として認定され得るか否かという争点に関して，そうした推定はしばしば行われる。制裁に関しても，同様に推定にもとづいて，ときには処理しなければならないことがある。たとえば，彼が「夜業（moonlighting）」をしていたことが所定の時間に立証されたときは，彼は受給資格を得る以前の期間においてもまた「夜業」をしていたというように，しばしば推定されたうえで制裁が適用される。もちろん，そうした推定は最大限の注意を払ってしなければならない。

ほとんどの場合，第1審の社会（保障）裁判所とともに上訴の社会（保障）裁判所が存在する。上訴審の段階になったら民事裁判所に委ねられる場合もある。社会（保障）裁判所の判決にたいして不服がある場合，通常，破棄（cassation）または違憲審査の道が開かれている。ただ，それはこれらの法的救済手段を利用することができる国に限られる。しかし，社会保障訴訟の場合，管轄権限を持つのは唯一の社会（保障）裁判所だけというわけでは必ずしもない。ときには，権限を有する社会裁判所（social courts of law）が訴訟の性質や，当該の社会保障制度などに応じて，いくつか存在することがある。たとえば，社会保険の争訟について管轄権を有する裁判所は，社会扶助争訟に関する裁判所とは異なるというのはまれではない。社会（保障）裁判所はまた，すべての社

会保障争訟について権限を持つのではなく，他の民事裁判所も一定の付加的な権限を有することもあり得る。

　社会保障の訴訟は，その大部分が主観的権利（または受給資格）を中心とする事案であるとしても，正当な利益または反射的な権利に関係する事案もあり得る。後者の事案は，社会保障法がある人に主観的権利を付与するのではなく，1つの社会保障制度を創設するものであって，その人はその制度から給付をうけるかもしれないというケースである。そのようなケースでも，社会保障法が社会保障の管理運営機関に裁量的権限を付与する場合と同様に，法的保護の可能性は，たとえ限られてはいても，まだ残っているだろう。例を挙げれば，社会保障の管理運営機関が権限を行使する方法は恣意的でないかどうか，もしくは権限の踰越でないかどうかは，審査され得る。社会保障事案を審査するときは，社会（保障）裁判所は，紛争の対象となっている行政処分の適法性を審査するだけでなく，ときにはさらに一歩進めて，当該決定の機会の合理性を審査すること（testing the opportunity of the decision）まで行う。この場合，社会（保障）裁判所は，採られた決定が真に最善の可能な方法で一般的利益に奉仕するものであるかどうかを審査する。

オンブズパーソンによる苦情解決

　侵害されているのは，当事者の社会保障受給権（または正当な社会保障利益）そのものでなくて，むしろ当事者は社会保障の管理運営機関が，終始，彼を取り扱ったやり方に我慢できないという場合もある。また当事者の権利は少しも侵害されていないが，しかし立法機関または管理運営機関が当事者の特殊なケースにまったく気付かず，その結果，当事者は著しい不正の犠牲者となっていると受けとめることもあり得る。そのような場合，もし利用可能なら，問題を解決してくれるオンブズパーソンを呼ぶことが多いかもしれない。オンブズパーソンは社会保障問題を専門的に担当している場合であっても，ほとんどの場合，政府から市民を保護するという，より一般的任務を持っている。オンブズパーソンが苦情を申し立てられたとき，または自身の判断で調査を決定した

とき，彼は大きな調査権限を行使することになる。彼は別々に当事者から言い分を聴き，友好的な解決すなわち法廷外での解決に至るよう努める。たいていの場合，彼が取ることができる最後の手段は，報告書を書くことであって，それは後に公表されることもある。

　最後に，市民に利用可能な法的救済手段の情報が提供されないときは，司法上の保護は，その目的を達成することができないということに留意しなければならない。したがって，法的保護のすべての可能性について情報を提供することが必要である。多くの国で，社会保障の保護に関する最も重要な法的救済手段の説明は，社会保障に関する決定の書式それ自体の中に，通常記述されている。これによって当事者は，決定に同意できない場合，これらの救済手段に訴えることができる。

第17章
社会保障法における履行強制

社会保障における協力義務

社会保障法制は，人的適用範囲に属する人々に単に権利を付与するだけではなく，それらの人々に多くの義務も課している。これらの義務を履行できないときは，単純に社会保障給付の受給に必要な要件を充たせないことに帰着するが，しかし，彼または彼女がその義務を履行しないことに対して，制裁を課すことが必要であることも証明されるであろう。そうした制裁は社会保障法制自体の内部において，または刑法上の刑罰の適用によって行われ得る。時として，真に社会保障の詐欺罪が問われることもある。我々は，社会保障の管理運営機関と政府が，社会保障上の義務の不履行に対して制裁を加えるために用いることができるすべての手段を完全にカバーするために，「社会保障法における履行強制（enforcement of social security law）」という用語を用いる。

社会保障法制において最も重要な義務は何であろうか？ 各々の人に一番に求められることは，社会保障の管理運営機関に対して，網羅的にかつ誠実に，届出を行うことであろう。当事者は通常，彼または彼女の社会保障給付の受給資格（の程度）に関係がある可能性のあるすべてのデータを，社会保障の管理運営機関の知り得る状態にしておくことが求められるであろう。言うまでもなく，管理運営機関が彼または彼女に求めた場合は，少なくとも当該の管理運営機関がそのデータを収集する権限を与えられている限りにおいて，そしてその情報が社会保障立法の履行において有用である程度において，彼または彼女は

誠実に同様のことをしなければならない。

　しかしながら，たいていの場合，義務は単なる届出義務にとどまらないであろう。すなわち人々は社会保障法の履行に協力することも求められる。ある意味では届出義務はすでにそうした協力義務の一形態であるが，しかし，他の形態も存在する。たとえば，適切なリハビリテーション計画の立案を可能とするために健康診断を受ける義務，失業しているとき再教育の講習や職業訓練に参加する義務，あるいは公的な福祉のための仕事を行う構えをする義務である。社会保障によって保護される人々は，実際，数多くの協力を要求される。とはいえ，社会保障の立法機関もしくは行政機関はこれらの協力義務を課すことに一定の自制を示さなければならないことも，むしろ明らかである。当事者の基本的な権利や自由は確かに保護されなければならない。同様に，義務とそれに対応する社会保障給付との合理的なバランスは遵守されるべきである。たとえば軽微な給付の受給が，過激で苦痛の多い健康診断のような厳しい協力義務に従うかどうか次第であるというようなことは受け容れられない。さらに，課される義務と社会保障制度の円滑な運営との間に合理的な関係が保持されるべきである。すなわち，必要なデータが他の方法でもっと容易にまたは安価に得られる場合は，当該の人に厳しい届出義務を課すべきではない。

　社会保障制度の人的適用範囲に属する人が，当該の要件を充足しないで給付を請求した場合，彼はその給付を拒否されるであろう。このことは明らかに制裁ではなくて，社会保障制度の単なる履行である。そうではあるが，しかし，ここで2つのことに注目しておかなければならない。

正当な給付拒否または返還請求と制裁との関係
　たとえば，個人のプライバシーに影響を与える，あるいは他の方法で人権に影響を与える一定の協力義務を正当化するために，次のように議論されることが多い。すなわち，当事者はあくまで選択の自由を有するのであるから，法体系上は，誰も自己のプライバシーに対する侵害を受容するように強制されないし，いかなる基本的権利にも制限を加えられない。当事者は，個人の自由に対

するある程度の制限つきで，社会保障給付を受給し続ける方を選択することもできるし，または個人の自由を完全に守り，当該の社会保障給付は放棄する方を選択することもできる。しかしながら，この思考の線上には重大な欠陥がある。極めてまれではあるが，当事者は社会保障給付と引き換えに個人の自由の一部を「放棄する」よう実際に求められるということが起こるからである。一般的にいえば，そのような当事者は，社会保障給付に強く依存していて，そのため真の選択の自由を現実には有していない。そうした人が自己の個人の自由が制限されるのを欲しない場合，その結果生ずる社会保障給付の拒否は，実際には（おそらく違法な）制裁として見てよいであろう。

　第2の点は，給付の受給資格を満たしていない人に支給され，後になってそれが不適正であることが明らかになったというケースに関係する。元の状態に回復すること，すなわち社会保障法制を適正に適用していたら存在していたであろう状態に回復すること，換言すれば，不当な社会保障給付の返還を請求することは，それ自体としては制裁とはならない。それでもそうした返還請求がときには制裁として実感され得ることがある。誤って受給した給付額を時には長期間にわたって払い戻しすることは，当事者にとってしばしば苦痛である。そこで社会保障制度の多くは，社会保障制度の間違った適用について，その過失が当事者にある場合と，その責任を社会保障の管理運営機関が負うべき場合とを区別している。後者の場合においては，返還請求の可能性はほとんど存在しない，もしくは存在する場合，その期間あるいはその範囲は限定されるであろう。時折，返還請求の（全部または一部の）放棄は，受給者が受給資格を有しないことを合理的に知り得たか否かという問題と結びつけて考察される。

　ときどき返還請求は部分的に不適当と見られ得る。そのような場合，返還請求は行政上の制裁（administrative sanctions）に近づくこととなる。事例として，次のような状況が挙げられる。すなわち，ある人が社会保障の管理運営機関への届出を不適正に，たとえば彼の失業期間中に彼が引き続き行っていた限定的な職業活動についての届出を不適正に行ったという事例である。関係の社会保障法制の規定は，失業の期間中，職業活動を行うことはできないこと，た

だし，当該の管理運営機関からその活動につき許可を得ている場合はこの限りではないこと，この場合，手当は当該の限定的な職業活動による所得の分だけ減額されること，を規定していると仮定しよう。当事者は彼の無届の活動によって手当の25％を稼いだとする。もし彼が問題の活動を届け出ていたなら，彼は手当の75％を受給できたであろう。しかし，この事例では手当の全額が回収されるのである。これはあくまで返還請求の一つではあるとしても，明らかに行政上の制裁に酷似している。

　支給のときは有効に適正であった社会保障給付のケースであっても，後になって結局返還しなければならない事態が持ち上がる，そういう場合の返還請求というものもまたあり得る。その典型的な事例は次のとおりである。すなわち，生活に困窮している失業者が社会保険制度による失業給付の受給資格を持たず，社会扶助の給付を受けてきた。その1年後に本人が使用者を相手とする訴訟に勝訴したことによって，使用者は自らの責に帰すべき強い事由によって退職したときからの賃金の支払いを命ぜられた。こうして扶助が支給されていた期間は，後に賃金支払いによってカバーされることとなり，その結果，社会扶助の実施機関はたいてい，本人が後に賃金の支払いを受けたときに，支給していた給付額の返還を請求する権利を取得することとなるだろう。このケースは扶養義務を有する者がいる場合の返還の可能性にかなり近づくことになる（前述の第14章を参照）。

行政上の制裁

　一般的に社会保障制度は自ら，当事者の側の望ましくない行為には「行政上の制裁（administrative sanctions）」を課す機会を定めることによって，そうした行為に対して制裁を加える。管理運営機関自体によって課され，したがって裁判所によって課されないこれらの制裁は，訓戒，社会保障給付の全部（もしくは一部）の一時的もしくは長期的な喪失等から構成される。社会保障受給資格の一時的な喪失の場合は，「停止」という概念がよく用いられる。行政上の制裁を課される者が刑事罰を科される者と同じ程度の司法上の保護を受けること

は，ほとんどの国でないだろう。しかしながら，実際には行政上の制裁は刑事罰より当事者に深い影響を与え得る。今日でもほとんどの社会保障制度は，違法と思われる行政上の制裁に対抗して取ることのできるいくつかの法的救済手段を提供している。その際，裁判所は行政上の制裁を課すことの合法性についてと同様に一般に，採用された行政上の制裁の程度についても判断を下すことができるだろう。しかし裁判所には制裁の程度をもっと重くする権限は通常ないだろう。さらに行政上の制裁は確かに一つの制裁であるから，当事者が現実にそのことにつき過失があるときにのみ課され得る。この過失は，たとえば初回の明らかに何気なしの間違いや失念のような軽微なものもあるし，たとえば給付を違法に受ける意図の下に不正な情報を故意に届け出るような重大なものもあり得る。この点では，明らかに比例原則が遵守されなくてはならない。つまり軽微な過失は軽微な行政上の制裁に相当するのみとすべきである。

　この点に関して特別な争点は，社会保障制度の運用に関係しない行為に対する行政上の制裁，たとえば公衆の面前での泥酔で札付きの過失がある者に対する給付の一時停止または削減は，課すことができるかどうかということである。我々は，この泥酔が社会的リスクの存在と継続にまったくなんらの関係もないときは，行政上の制裁を課すことはできないと考える。

　行政上の制裁を課すことまたは不当な給付の純粋な返還請求さえ，ときにはあまり適切とは思えない場合がある。そういうわけで多くの社会保障制度は社会保障の管理運営機関がそうした制裁や返還請求を控えることができることを定める。たいてい，このことは返還もしくは制裁が当事者に生活苦を強いる場合，一方の返還もしくは回収に必要な努力と，他方のこれが社会保障にもたらす利益とが釣り合わない場合，または関係の額が少額である場合といった諸条件と結びついている。

刑事上の制裁

　社会保障法によって彼または彼女に課された義務に従わないことが，刑事罰が望ましいとみなされるほどの法秩序違反を意味する場合もあり得る。それゆ

え多くの社会保障法制は、社会保障制度に関連して犯される可能性のあるすべての種類の特別犯と、それに対応して科される罰を列挙した規定を内包している。加えて、社会保障法において定められた義務を誤って遂行できないことが、刑法によって罰せられる普通犯のすべての要素を含むこともあり得る。たとえば故意に不正な情報を届けた場合、信頼の濫用（背信）、詐欺または文書偽造の罪に問われるかもしれない。

疑いなく、刑事罰は裁判によってのみ科され得るものであり、通常、第二審への控訴の可能性が開かれている。一般的には、刑事法廷がこの問題を取り扱う権限を有するであろう。ただし、時には社会保障裁判所も（一定の）刑事罰を科す権限を与えられることがある。この特別の（社会保障）刑事法制と一般的な刑法典との関係は必ずしも明確ではない。一方では、「特別法は一般法を破る」（lex specialis derogat legi generali）という原則は確かにここに当てはまる。しかし他方では、多くの国で刑事法廷は、特別の社会保障刑事法制よりむしろ（彼らが親しんでいる）一般の刑法典の履行を強制する方を好む。ともあれ、刑事罰は当事者が有責の行為を行ったときにのみ科され得ることは明らかである。科される刑罰は、ときには懲役刑である可能性があるけれども、通常は罰金に限定されるであろう。社会保障上の義務を満たせない有責の法人に対しては、適切な刑事罰を科すため、特別の定めが設けられ得る。

行政上の制裁と刑事罰との関係

刑事法廷が刑罰を科すとき、通常、行政上の制裁も加えられているか、あるいは行政上の制裁が課されたうえに、不当な支払に対して返還請求も行われているか、もしくは行われるであろう。こうした取り扱いによって、同一の行為につき三度罰せられると、当事者は考えるかもしれない。しかしながら、法体系というものは通常、返還請求は制裁ではないという見解から出発する。ただ、行政上の制裁と刑事罰の関係については、「一事不再理」（non bis in idem）の原則に照らしてもう少し複雑な問題が生ずる。初期の一般的見解では、両制裁は性格上、非常に基本的に異なるので、それらを同時に科しても「一事不再

理」の原則を破ることにはなり得ないということであった。しかし今日では，人々の見解は，たとえばヨーロッパ人権条約に正式に記されているとおり，両者は「一事不再理」原則の意味において同じ懲罰と見られるべきであるということに，同意する傾向にある。したがって，刑事上の制裁と行政上の制裁が同じ犯罪を罰することになるかどうかは，検討されなければならないであろう。

いずれにせよ，行政上の制裁を課す機関と刑事法廷の双方は，制裁を決定するにあたって，同じ事実に対して以前に科された刑事罰もしくは行政上の制裁の程度を考慮に入れると考えてよい。

しかしながら，多くの場合，行政上の制裁と刑事罰を科すこと（その恐れ）は，社会保障上の義務から逃れようとしている人々に対して圧力になるものの，現実にはほんの僅かな圧力にしかならないだろう。たとえば，社会扶助の受給者に制裁を課すことは，しばしば人間の尊厳に対する配慮という限界線にぶつかるだろう。なぜなら，人たるに値する生活に必要な手段の提供として予定された扶助額を，いかにして削減ないし一時停止できるか疑問だからである。同様に，経済的な危機と厖大な失業という状況下で，保険料を拠出できないでいる使用者は，保険料の強制徴収と制裁を受けることを実際にはあまり恐れないはずである。すべてこうしたことが会社の倒産から被用者の解雇へと至る可能性があるときはそうである。

社会保障における詐欺との戦い

多くの国では今日，社会保障における詐欺との戦いが重要な優先事項とされている。原則として，社会保障給付の真の悪用とその不適切な利用とを区別すべきである。不適切な利用の場合は，社会保障法の条文に対する違反は存在せず，そこに見出されるべきことは社会保障立法者の目的と符合しない状況である。

これまでに最もよく知られた社会保障詐欺（social security fraud）の形は，いわゆる「夜業（moonlighting）」である。すなわち該当者は社会保障管理運営機関に知られることなく労働を行っている者であり，このため当然支払うべき所

得税も社会保障の保険料も支払わず，ことによると，公式に職業に従事していれば受給資格がない社会保障給付を受給さえしている者である。いくつかの国では，社会保障詐欺は相当の割合を占めていると思われるが，この現象の広がりを確実に査定することは著しく困難である。時には，「黒」と「灰色」の労働市場が区別される。すなわち，前者は社会保障の管理運営機関にまったく知られることなく働いている人々を指し，これに対して後者は社会保障の管理運営機関に登録されてはいるが，しかし関係するすべての社会保障機関と税機関に知られずに一定の職業に従事している労働者を指している。また婉曲に「インフォーマル経済」という概念も，社会保障機関に知られない労働者と職業活動を指すために，ときには用いられる。

　しかしながら行政上の制裁と刑事罰は，あらゆる種類の社会保障詐欺との戦いにおいて，単に第2次的な役割を演じるだけであって，最も重要なことは確かに社会保障法制を詐欺に遭いにくいものとすることである。社会保障詐欺を掌握するためには，個人と法人の所得税制度が適正に機能することもまた明らかに最も重要である。ただし，潜在的な悪用をできるだけ阻止できる社会保障制度にすると，ときには，個別の特殊性をあまり考慮に入れることができないという「代償」を払わなければならないこととなろう。

第18章
個人のプライバシーと基本的自由の保護

社会保障と基本的自由との緊張関係

　社会保障は多くの個人の日々の生活に対して深くかつさまざまな形で侵入する。このため，社会保障制度はときどき関係者の個人のプライバシーおよび基本的自由の尊重との間に緊張した関係を見せることになる。このことに関して若干の例を示そう。

　社会保障給付の支給が資力調査を条件とする場合，その実施機関は，資力調査の実施に関連する申請者の収入および資産ないし資本に関する情報を得なければならない。そのうえ，資力調査は単に申請者の資力を考慮に入れるだけではなく，ときには他の人々とりわけ配偶者と子の資力をも考慮に入れるであろう。

　社会保障制度が未婚のパートナー同士を結婚している夫婦と同等に取り扱う場合，その未婚のパートナーの間に共同生活（common household management）が存在するかどうかを，ときには査定することが必要となるであろう。

　両方の事案がすでに例示していることは，社会保障機関が情報を必要とすることが，社会保険の被保険者あるいは社会扶助の受給資格者の個人のプライバシーの保護を実際に妨げることになり得るということである。しかしこの（現実のもしくは潜在的な）対立を一方に偏ったかたちで解決することは受け容れられない。ニーズの最も高い人から優先して保護することを目的とする選別的な社会保障政策の場合に，いかなる政策であれ，その政策の実施が事実上不可能

となるほど極めて厳格に個人のプライバシーを尊重することは，誰もとうてい支持できない。また，社会保障給付を受給しないでやっていきさえすれば，誰も私的生活を開示するよう強要されないといった見解は，よくありがちな見解ではあるが，これも支持することはできない。場合によっては社会保障給付の支給を打ち切るということが，圧力をかける主要な手段となるのであるから，プライバシーかそれとも給付かという選択は，実際上，ほとんど存在しない。これらの一次元的な思考様式はなんの解決にもならない。個人のプライバシーの尊重と一般社会の利益の双方を最大限まで実現するための適切な手続きを創り上げることが必要であろう。そのようなよりバランスのとれた解決の途は，一方において必要とされる情報の重要性と範囲，他方において個人のプライバシーにたいする侵害程度という両者の間が，合理的であることおよび均衡がとれていること，という原則を基礎として確立され得るのである。

　社会保障機関が労働不能の程度を査定したり，一定の医療サービスを提供したり，もしくはその費用を償還しようとするとき，被保険者の健康状態をさまざまな方法で扱わねばならない。その場合，確かに私的な生活の領域に立ち入ることになる。そこで，ほとんどの社会保障制度は工夫された手続きを備えており，それに従って医療情報は専門職としての守秘義務を課された医師によってのみ取り扱われ得ることとしている。社会保障機関が健康診断を受けるように，場合によっては手術を受けるように受給者に求めることができる範囲を画するために，いくつかの国は法律を定め，他の国は主として判例法に依拠している。ここでもまた，合理性もしくは均衡のような概念は明らかに重要な役割を演ずる。

IT，電子政府の導入とプライバシー

　社会保障機関は円滑に仕事をするために，被保険者もしくは扶助受給資格者または彼らの家族に関するかなりの量の情報を，さまざまな場所と時点において必要とするであろう。この情報は彼または彼女自身によって自発的におよび付随的に提供され得る。これまでのところ，プライバシー問題はまだ必ずしも

起きていない。しかしながら，本人のさまざまな情報の要素が蓄積され，つなぎ合わされて，意図されていた以上に私的生活が暴かれるときに問題が生ずる。これまではもっぱら紙に頼ってきたデータバンクがコンピュータ化されたことによって，情報をつなぎ合わせ，統合し，そして選別するという可能性が急速に高まっている。それなりに取り扱われてきた情報が，権限のない人々によって操作されるとき，重大な損害を招く可能性がある。さらに，社会保障の管理運営機関および政府がそうした重要な情報をそもそも処理すべきかどうか，誰でも本気に疑い得ることである。他方では，社会保障の効率的な運営が，健全な社会保障データバンクの使用を意味することもまた，最近10年のあいだに明らかになっている。結果として，多くの国では社会保障におけるＩＴおよび電子政府の導入と，関係する個人のプライバシーの最善の可能な保護とを，いかに調和させるかという問題をめぐって，議論が発展してきている。この点に関して，さまざまな解決の途が開発されている。特定の社会保障管理運営機関にＩＴあるいは電子政府を導入することは，ときどき，それ自身のファイルを他の社会保障管理運営機関のファイルと連結しないという制約条件のもとで許可されている。社会保障制度は，1つ以上の管理運営機関によって必要とされるすべてのデータを，中央に入力することを選択することもできる。この場合，1つの管理運営機関はそれ自身で情報を保有せず，完全に——物理的にも手続的にも——保管している中央のデータバンクに，事例ごとに十分な理由を付して，申請するという手段によって，データを要請しなければならない。他の国々は中継データベース（cross-road databank）を採用している。このデータベースは，それ自身，いかなる個人データ（身元確認用のキーを除いて）も保有せず，個人データはさまざまな社会保障管理運営機関に広がって保管される。一定の情報を使用する機関は，ほとんどの場合，それ自身のデータ（たとえば児童手当の実施機関は児童数のデータ）を保管しており，かつそれをそうする唯一の機関であろう。他の管理運営機関がそれ自身保管していない情報を必要とするときは，その必要な情報を保管する機関から中継データベースを経由して入手することができる。その際，中継データベースは情報流通の適法性を

第18章　個人のプライバシーと基本的自由の保護

確保するフィルターとして機能するのである。

基本的自由と社会連帯とを調和させる規範的な原則
　社会保障制度は単に個人のプライバシーの保護を妨げるだけではなく，他の基本的な権利を侵害することもあり得る。たとえば，宗教の自由と表現の自由対失業保険もしくは失業扶助に関連する２，３の事例を示してみよう。ほとんどの社会保障制度は自己の責めに帰すべき理由によって失業した人に制裁を課している。しかし，たとえば黒人，女性もしくは同性愛者に関する使用者の方針に同意できないことを理由に離職した場合は，自己の責めに帰すべき理由によって失業したことになるのであろうか？　自分の信ずる宗教が禁じている行為——たとえば豚に触ること——を強いられることを理由に，受給資格者が失業保険もしくは扶助の実施機関から紹介された仕事を拒絶した場合はどうであろうか？　こうした紛争事例において，多くの国で，裁判所が判断していることは，本人のイデオロギー的，思想的あるいは宗教的な異議が，はたして，どの程度まで，真剣でかつ一貫しているかということである。この判断において審理されていることは，本人が，祈念してきた信念に実際に従って生活する習慣であったか否かということ，あるいは，それとともに，彼または彼女の宗教上の権威者が当該の異議を是認しているか否かということである。しかし，我々はまずそうしたアプローチそのものを是認することができない。なぜならそれは基本的権利の本質に完全に反すると思われるからである。つまり，政府とか社会保障機関は我々の信念の真剣さとか正しさを調査できるのではなく，我々は，何であれ好きなことを思考し信ずるすべての自由を有しているのである。その一方で，我々が好きなことを思考し信ずる自由を有するからといって，それは反社会的な行動を許す言いわけとはならない。換言すれば，だれでも妥当な信念を持つことの対価を社会に，この場合は社会保険もしくは社会扶助に，払わせてはならないし，また社会保障制度はどのような「殉教者」をも創り出すべきではないのである。我々はもう一度，個々の事例に沿って，基本的権利と社会的連帯の制度とをいかにして調和させ，最善の可能な方法で両方

167

とも最大化させ得るかを考量しなければならないであろう。他の場合におけると同様に，ここでも，信義誠実の原則，合理性原則，均衡原則，法への信頼原則，詐欺および不適切な利用の危険の回避原則，等々の原則は，具体的な解決を見出すための基礎を提供するであろう。

　完全を期すために，社会保険を含めどのような形態の保険に対しても，宗教上の信念から抵抗するかなり大きな集団の人々に直面している国々も，少しは存在することに触れておかなければならない。というのは，保険というものは，それらの人々の神の摂理（Divine Providence）にたいする信仰を妨害するとされる場合があるからである。いくつかの国では，良心的な異議を表明するそうした人々については，社会保険から適用除外する特例を定めている。この場合，その特例の定めは，不正な悪用の余地をつくらないこと，これらの人々が社会扶助の受給者となって社会連帯に過重負担をかけるようにしないことも明確にされている。

第19章
国際社会保障法

国境をまたぐ社会保障問題

　社会保障はまず第一に国内法によって規定される。国内法は国境をまたぐ側面についても規定する。さらに，国際的なレベルおよび超国家的なレベルの社会保障に対する関心もまた存在する。ここから，直接的にまたは間接的に社会保障を取り扱う国際的または超国家的な法律文書が発展することになる。そうした国際的または超国家的な法律文書は，ある国が協定国となったとき（および国際的な法律文書を批准し，または超国家的な機構の加盟国となったとき），その国（またはその他の国際法上の法人）に対して一般的に，国際法によって拘束力を生ずることになる。国内法秩序に対する超国家的または国際的な規範の直接的効力については，この点に関するその国の憲法上の規定の仕方により，国際的または超国家的な規範もまたその国の裁判規範となり，かつ国内法に優位することとなる。憲法がそうした直接的な組込み（direct incorporation）を認めていない国々では，国際公法の規範を国内立法のなかに統合するために，その国の立法機関による立法措置が必要となるであろう。

　一国の社会保障法は，その人的な適用範囲と領土の適用範囲を決定する際に，すでに国境をまたぐ事態を取り扱うよう強いられる。さらに一国の社会保障法は，保健医療を海外で提供するよう要求できる限度と同様に，社会保障給付を海外に送金することができる限度等々を定めることがよくある。しかし，明らかに，国境をまたぐ事態は，最もうまく取り組まれている。すなわち，少

なくとも，異なる国の制度によって，提供される解決が互いに矛盾する，または当事者がのけ者にされる，という事態を避けることが求められる場合については，国際的または超国家的な法律文書を通じて，解決が図られるというように。

調整を定める国際的または超国家的な法律文書

　このようにして，国際的および超国家的な法が社会保障において役割を果たす第1の理由は，すでに確認されている。それは，すなわち，様々な一国社会保障（法）制度を互いに適応させる必要性，言い換えれば，それらを「調整する」(co-ordinate) 必要性である。ここから，このプロセスに関連する国際的または超国家的な法律文書は調整文書（co-ordination instruments）と呼ばれる。これらの調整文書は，ある国のすべての社会保障制度に関わるか，またはそのうちの若干の制度のみに関わることができる。同じように，これらの調整文書は広範な調整に関与するか，または例えば互恵を条件とした単なる国籍要件の除外だけに限定されることもできる。どこまで広く及ぶ調整であるかということは，次の組み合わせによって，決まる。すなわち，

　〇調整文書の協定国の間では，国籍を理由とする差別を禁止すること。
　〇ある人の社会保障をめぐる事情が国境をまたぐ要素を含む場合，どの国がその人の社会保障について権限を有するかを，割り当てること。つまり，社会保障制度の適用範囲に関する異なる国の規則間の法の衝突を解決すること。
　〇調整文書が適用される複数国の間において継続する社会保険，労働および（または）居住の期間の記録は，「合算（aggregation）」または通算（counting together）すること。これは「取得過程にある権利の保全」と称される。
　〇調整文書が適用される他国の社会保障給付の支払を受けること，つまり社会保障給付の国外送付または「既得権の保全」を行うこと。
　〇多様な国の間において社会保障管理運営の協力を行うこと。
　〇互いに他国の被保険者または国民のために支払った費用を相互に清算する

こと。

原則を定める国際的または超国家的な法律文書
　調整（co-ordination）を取り扱わない国際的および超国家的な社会保障の文書もまた存在する。これらの文書はすべての加盟国によって是認された原則を含んでいる。これらの原則は，いくつかの文書では厳粛に宣言されているが，しかし，これらの原則はあまりに不明瞭に，もしくは一般的に定式化されているため，国内法への法的な効果を何ももたらさない。しかし他の文書では，法的な条約によって定められた原則が，協定国の国内法に直接の効力をもつように，十分に限界を画して，定められている。このようにして，これらの文書は，これらの範囲の中に入る様々な社会保障制度の一定の調和（harmonization）を創りだしている。ただし，いくつかの原則を定める国際的または超国家的文書が，実際に，前者のグループに属するのか，または後者に属するのかを決定することは，必ずしも容易ではないだろう。
　原則を定める文書は，通常，最低限度，たとえば，社会保障制度によって保護される人々の人数に関する，あるいはまた，一定の社会保障給付の額に関する最低限度を定めるであろう。極めて例外的に，加盟国は，一定の基準に従って，それより良い社会的保護を保証する自由を有しないという基準調和（a standard harmonization）が見出されるであろう。一定の類型の（たとえばジェンダーを理由とする）差別を除去することを目的とする原則を内包する文書もまた相当に重要である。
　国際法による一定の原則を是認するように国々を動機づける理由はかなり様々である。一方において強調されることは，社会的な治安の欠如と社会開発の欠如は諸国間の平和を妨げ得るということであり，一定の社会保障原則は人権であるという根本的な意義が力説される。他方において，活発な経済取引をしている国々が，容認できない低レベルの（勤労）者を社会的に保護するという手段によって，競争防止の協定を締結した方がよいことは，ほとんど疑い得ない。

ときには，主として社会保障を取り扱わない国際的または超国家的法律文書であるにもかかわらず，社会保障にとってきわめて重要なものもあり得る。国際人権法律文書はこの点ですぐれた例である。この文書に宣言されている基本的権利と自由は，社会保障においても意義を見出すべきことは言うまでもない。むしろより困難な争点は，資本もしくはサービスの自由移動を保証する文書のような，主として経済的な方向づけを取り扱う国際的および超国家的法律文書が，制限なしに社会保障に適用され得るかどうかということである。

超国家的な法律文書と国際的な法律文書の区別

　これまでのところでは，我々は超国家的法律文書と国際的法律文書の間を区別していない。超国家的な法律文書は，国々が加盟している超国家的な組織の権限のある機関によって創り出される。その点で最もよく知られているのはヨーロッパ共同体（EC）の規則（regulations）および指令（directives）である。つまり，それらはヨーロッパ共同体の加盟国の社会保障制度の調整（co-ordination）と調和（harmonization）に，それぞれ関係している。国際的な法律文書は，条約，または社会保障の1つもしくは他の側面が相互の契約によって規制される国々（またはその他の国際公法上の法人）間のその他の協定，から成るものである。条約または協定が2国のみを拘束する場合には，それは2国間の（bilateral）条約または協定と称される。より多くの国々が拘束される場合は，多国間の（multilateral）条約または協定と称される。調整は2国間の文書でも多国間でもあり得る。原則をかたちづくる文書は概して多国間の条約または協定となるだろう。最も重要な多国間の社会保障文書は社会保障を（もまた）取り扱う国際機関において用意され，編み出されている。それに関して，我々は国際労働機関（ILO）または欧州評議会（Council of Europe）において創られ，そしてこれらの国際機関の多くの加盟国によって引き続き批准されている数多くの国際協定（すなわち条約）を主として挙げることができる。

国の統合または崩壊の場合の特殊問題

　国際法に関して特殊な問題は，国とそれに付随した一国社会保障制度がより大きな統一体へと統合されるか，もしくは国の以前の統一が崩壊するか，いずれかを理由に消滅するときに提起される。概して言えば，この論点は国家の承継に関する国際法の一般理論に従うものと考えられる。しかし，そのことはより大きな統一体への統合または国の統一の崩壊が大した問題を生まないと述べているわけではない。1つ挙げるとすれば，今や同一の国に参加することになり，新しい（より大きな）国のどこに居住するかが自由となった人々の間に，不平等な受給資格や条件が維持されているという問題が存在する。従前の統一した国家が崩壊するとき，かつて同じ一つの国であった地域間において，疑いなく，調整の問題が生ずることになる。さらに，基金が一定の給付（とりわけ老齢年金）をカバーするために徴収されているとき，それに関して新しい国々の間で合意に達することは不可能であり，新しい国々の1つもしくは2，3が，徴収された基金を彼ら自身のために保管するという付加的な問題が生ずるかもしれない。さらにそのうえ，国々の統合および崩壊のいずれの場合にも，国際法によって合意された従前の約束が，その先も拘束力を有するのかという問題とあわせて，旧制度と新制度の間でデータを良好に移転させる必要が常に存在するのである。

第20章
社会保障(法)の国際比較

社会保障(法)比較の意義

　自国の社会保障制度の中に見つけられた不備の解決策を見出すために，社会保障法の国際比較がますます求められている。社会保障に関する新しいアイデア，他のどこかで「試みられている」アイデアを発見するためにも，ますます，我々は新しい動きを比較するようになる。そのうえ，一国社会保障法の調整（co-ordinate）ないし調和（harmonize）を図る超国家的または国際的文書の制定と適用もまた，明らかに国際比較の相当の努力を必要としているのである。

　社会保障法の国際比較に絶えず高まる関心にかんがみると，社会保障(法)の国際比較に関する理論の開発に対して，その方法論上の開発と同じように，これまでほんの僅かな関心しか払われてこなかったというのは驚きかもしれない。

　外国の社会保障制度を熟知すること，外国の社会保障法を熟知すること，社会保障制度を比較すること，および社会保障法を比較することは，あたかもすべて同一であるように扱われることが多い。確かにこの4つはすべて密接に関連しているとしても，それにもかかわらず，我々は4つの区別をつけなければならない。外国の社会保障(法)を熟知していることは，当然，その次に考察される国際比較の基礎となるものではあるが，しかしそれが国際比較と同等でないことは確かである。他方で，外国の社会保障(法)を正しく記述するに

第20章　社会保障（法）の国際比較

は，自国自身の制度から離れることが必要条件であり，それには比較して理解するという研究が求められる。社会保障制度の比較は社会保障法の比較なしにはできない。というのは，制定法は疑いなく社会保障の根幹を支える動脈だからである。その一方で，社会保障制度が管理運用され適用されていく，法の範疇外の状況に比較考察の目を向けないで，社会保障制定法の比較をすることはできない。言い換えれば，社会保障制度の比較なしに社会保障の比較法はあり得ないのである。

　社会保障（法）比較は，通常，一定の時点の異なる国々に適用される社会保障制度を対象とする。言い換えれば，国際（法）比較である。しかし，同一国内の一定時点において有効な様々の職域に関わる社会保障（法）も，同一国内の異なる地方もしくは地域に関わる社会保障（法）と同様に，比較可能であり，この場合は，国内（法）比較ということになる。同様に，超国家的または国際的な社会保障法律文書を比較すること，換言すれば国際公法の比較を行うこともまた可能である。最後に，我々は社会保障（法）を異なる時点で比較することもできる。それは時代と時代の間の（法）比較ということができる。後者は社会保障（法）史とは区別されなければならない。一定の場合には，国際間，国内間，国際公法間，あるいは時代間の社会保障（法）比較の組み合わせが，適切な成果を生むこともあり得る。

社会保障（法）比較の方法

　社会保障（法）比較の固有の方法論に関しては，まだ今後の研究の発展に待たなければならないが，以下はその礎石として指摘できるものである。

　まず第1に，どのようなかたちであれ自民族中心主義の思考を，比較考察から取り除くことが必須である。しかし残念ながら現実は，自国の固有の（馴染みのある）社会保障（法）制度の概念，課題および範疇から出発して，比較考察されることが多い。そのような場合，他国の社会保障（法）制度は，自国の制度を念頭において概念化されるから，たちまち色眼鏡を通して事実が歪められたものになってしまう。言うまでもなく，そうした研究方法では，自国の固

有の制度がすべての中で最善,最悪等々であることを,提起された疑問に応じて「証明する」ことになるから,極めて残念である。

それゆえ,社会保障(法)比較の適切な考察は,問題を外在的に表現すること,すなわち,比較の対象に含まれるどのシステムまたは制度にも関連のない用語および概念を用いて,比較考察の課題を定式化することから始まる。たとえば,我々は様々な国々の障害年金を比較しないで,恒常的な労働不能の場合の所得代替給付の比較を行う。あるいは,おそらくもっと良い方法として,「労働不能」という用語に代えて,疾病または不慮の事故による労働市場での稼得能力の減退というような記述を用いる。

比較の課題を外在的に表現することが必要であることは明らかであるけれども,それにもかかわらず,それは単純ではなく,むしろ正しく取り扱うことがおそらく不可能ではないかとさえ思える。

社会保障(法)の比較研究において最も重要でしばしば最も困難な課題は,後者の概念化であることが多い,すなわち,比較考察の対象となるすべての制度に適用可能な統一した設問様式の調査計画をたてることである。正しく設問し,正しい初期計画をつくり,これらを外在的に系統だって記述することが,後の(法)比較考察の成功のカギである。

ちなみに,ビスマルク型の社会保障を採る国々とベヴァリッジ型の社会保障を採る国々との古典的な区別が,社会保障(法)比較にとって必ずしも適切でないことは述べておくべきである。この点については,社会保障(法)比較に関するかぎり,法に「家系」のようなものを真に同定することは誰にもできない。性質の異なる一国社会保障(法)制度は,比較考察される特定の課題に従って,その都度,適切にグループ分けされるのである。

「システムの内部の比較」の重要性

さらに,社会保障(法)を比較考察するとき,単に,ある分離された(外在的な)比較対象の点によって一国の制度を調査し比較するだけではなく,その問題にたいする応答が相互にいかに関連づけられているかということを国ごと

第20章　社会保障（法）の国際比較

に調査することも行うべきである。

　こうした「システムの内部の比較」の成果は，次には，社会保障（法）制度間の比較へ包含され得るし，また包含されるべきである。このことはしばしば，様々な国からの回答をただ問題ごとに比較する場合よりも，はるかに広範な成果をもたらすであろう。

　質的な（法）比較をするなら，国内の使用のために作成された原資料を利用することをまず必要条件とする。実際，多くの論者が感じているとおり，国際的な聴衆向けに書いたり話したりするときは，自国民に向けてするより，批判的でない態度をとる必要を感じるものだからである。社会保障の法的比較自体に関して言えば，関連する法条文と判決記録そのものを用いることで，より良い仕事をすることができる。それでも言語の点で，外国の制度にアクセスできないという問題はもちろん存在する。それゆえ，社会保障（法）比較はしばしば多くの言語を話すチームによって行われることになる。比較の対象となる様々な国の社会保障専門家を調査団に含むこと，そしてこのことを比較考察の概念化の時点からその完了まで継続することも推薦できることである。こうすることによって，誰でも言語上の困難を克服できるのみならず，また自民族中心主義によって成果を損なう事態もすべて防止できるのである。

　社会保障制度の比較と社会保障の比較法は，調査された社会保障（法）制度の間の多くの差異を分析するとともに解き明かすことになる。このことはとりわけ「システムの内部の比較」を通じて行われる。これによって，一定の原因と効果の関係が結びつけられ得る。つまり一定の政策提案と関係がある一定の長所と短所が同定されると言ってよい。比較調査研究に当たる者がたとえしばしば政策立案者の強引なもしくは非現実的な要求に直面しても，研究者の任務は政策の決定ではなく，また政策決定の正当化でもないことを，彼は常に心に留めておくべきである。というのは，この自制によって比較研究者の独立と研究者としての清廉がもたらされるからである。

本章および本書のむすびとして

　本章——および本書——のむすびとして，社会保障（法）比較の重要性をもう一度強調しておくこととしたい。どの社会保障制度の構造と展開のなかにも存在する選択肢や技術を提供するだけでなく，概念と原則の簡潔な概観を正確に提供しようという本書を，社会保障（法）比較の予備的な考察なしに書くことは，我々にはとうていできなかっただろう。そのことは間違いなく強調されるべきことである。他方では，我々は本書が，社会保障（法）制度のさらなる比較考察のための支えと弾みになることを期待している。さらに本書はそこから先に進むことを望んでいる。本書が社会保障比較と社会保障法比較の発展ばかりでなく，社会保障制度と社会保障法の研究の発展上の最初の——おそらくためらいがちなものに過ぎないが——第一歩となれば幸いである。この一歩は社会保障のコモンロー（ius commune securitatis socialis）ばかりでなく，普遍的社会保障（securitas socialis universalis）を漸進的に同定していくための最初の基礎を用意する一歩である。社会保障と社会保障法を研究している人，および質的な社会保障（法）比較を築き上げるための基礎を探し求めている人なら誰でも，そうした一段高い次元に無関心ではあり得ない。それは魅力的であるとともに，たじろがせるような難題でもある。筆者は，研究者と政策決定者の両者が本書を，社会保障の一層の発展への1つの貢献として，また我々が理想とする平和，民主主義，自由および連帯の社会の連なりに不可欠のこの絆を推進する1つの貢献として，汲み取られんことをあえて願うものである。

訳者解題

本書の目的と邦訳の意義

本書は，ダニー・ピーテルス（Danny Pieters）による *Social Security: An Introduction to the Basic Principles,* Second Edition-Revised, Kluwer Law International, 2006. の全訳である。

本書の目的は，社会保障法の体系書のように，すべての論点を網羅的に取り扱うことではなく，むしろ社会保障法の概念と原則を明らかにすることである。そして，その原則を踏まえたうえで，どのような政策手法や選択肢がヨーロッパ各国の社会保障法の発展の中で共通に採られてきたかということを，簡潔に説明することである。

本書執筆の動機には，アカデミックなものと，実際的な必要によるものと，その両方がある，と著者は述べている。

アカデミックな動機というのは，国によって社会保障制度が異なるという多様なバックグラウンドを持つ学生たちに，西ヨーロッパに共通の社会保障の専門用語を授け，社会保障と社会保障法学を教授するということ。しかし，もっと学術的な意味で野心的な狙いは，社会保障のコモンローともいうべきものを構築することである。そうしたコモンローのようなものの構築は法の一分科としての社会保障法学の完成に貢献するであろうし，また，ヨーロッパにおける社会保障法の漸進的な統合にも寄与することが期待されたのである。

実際的な必要というのは，中央・東ヨーロッパの共産主義諸国の崩壊に直面して，それらの国々の社会保障を西ヨーロッパ型に再建することが重大な課題となり，理論面でも，専門家の養成研修の面でも，そのことに役立つものが求められたという事情があげられる。本書はその目的にも貢献しようとするものであった。

こうして本書は初版本（1993年）以来，好評を得て，ヨーロッパの多数の総

合大学と社会保障学部で社会保障（法）のテキストとして用いられ，各国語に翻訳されてきた。初版本は著者が37歳の時に執筆され，それから13年後の50歳という言わば著者の熟達期に，その後の新しい法改正の動向を織り込んで改訂された。本書はその改訂版の全訳である。ただし，索引は原著のそれを参照しつつ，翻訳原稿をもとに選定されたものである。

　わが国においても，ヨーロッパ社会保障法における概念と諸原則を解明する本書を紹介することは，広く関係方面や市民にとって役立つだけでなく，社会保障法学の構築にとっても寄与するところが少なくないと思われる。とりわけ，本書がヨーロッパ社会保障のコモンローの研究に先鞭をつけるヨーロッパでも最初の試みと考えられること，年金保険，医療保険などの個別分野の各国比較はわが国でも繰り返し行われてきたものの，社会保障法の全分野を通して，ヨーロッパ社会保障の技術・選択肢，その概念と原則のアウトラインを提供するものは皆無に等しいこと，そこに，本書を邦訳する意義があると言えるであろう。

著者の略歴と主要業績

　本書の内容に入る前に，著者の略歴と近年の主要業績を紹介しよう。

　(1) 著者の略歴　　著者ダニー・ピーテルス（Danny Pieters）は1956年，ベルギーのブリュッセルにほど近いウッケル（Ukkel）に生まれた。1985年，EC加盟国の憲法における基本的な社会福祉権に関する博士論文により，ベルギーのルーヴァン・カトリック大学（KUL）から Ph.D. を授与され，本論文は，4年ごとに選考されるヨーロッパ・エミール・ベルンハイム賞を1986年に受賞している。

　著者の職歴は，1986～1992年，オランダのティルブルフ・カトリック大学社会保障学科（Department for Social Security Science, The Catholic University of Tilburg）において，オランダ社会保障法・比較社会保障法・ヨーロッパ社会保障法および国際社会保障法の特任教授となり，1988～2000年，エラスムス・テンプス・プログラムによる共同研究「ヨーロッパの社会保障」の指揮をとり，

ヨーロッパ17カ国の大学の共同研究をとりまとめた。そして1989年から今日まで，ルーヴァン・カトリック大学法学部のベルギー社会法およびヨーロッパ社会保障法担当の教授（1996年から正教授）に就任。この間，ブリュッセル・カトリック大学の特任教授，ルーヴァン・カトリック大学ヨーロッパ社会保障研究所事務局長，ベルギー国内外における各種審議会・委員会の委員等を数多く兼務し，1999年から2003年まで，そして2010年から再び，ベルギー議会議員（2010年からベルギー王国上院議長）を務めている。

　(2)　著者の近年の主要業績　　著者の公表された業績は，2010年までに278点の多数に上り，その研究領域は学際的課題を含め，きわめて多方面に及んでいる。本書に関係があると思われる比較的近年の主要業績のいくつかを以下に掲げて，その一端を紹介しよう。

○ 『第13番目の国：域内移民のためのヨーロッパ共同体社会保険制度へ向けて』Acco, Leuven, 1993, 218pp.（S. Vansteenkiste との共著）

○ 「社会保障における協力：若干の個人的見解」『中央および東ヨーロッパにおける社会保障の再構築』所収，ILO, Geneva, 1994, pp.131-142.

○ 「ベルギー，オランダおよびルクセンブルグの法秩序における社会権の保護」『個人的および社会的権利の保護の諸問題』所収，Hestia, Athens, 1995, pp.317-344.

○ 「税制と社会保障：調整されない税と調整される社会的拠出」『社会保障調整の考察』（P. Schoukens 編）所収，Acco, Leuven, 1997, pp.113-126.

○ 「社会保障法比較の方法論に関する省察」『学際的視野から見た社会保障』（B. Greve および D. Pieters 共編）所収，MAKLU, Antwerpen/Apeldoorn, 1999, 163pp., pp.103-112.

○ 『困難な経済状況における社会保障制度とその運用：社会保障リソース・ブック』欧州評議会，Strasbourg, 1999, 157pp.

○ 『EU 加盟国の社会保障制度』Intersentia, Antwerpen/Oxford/New York, 2002, xx+329pp.

○ 『EU 加盟申請国の社会保障制度』Intersentia, Antwerpen/Oxford/New

York, 2003, 230pp.
○『ヨーロッパにおける社会保障機関と税機関の協力』共同研究叢書（P. Schoukens & B. Zaglmayer との共著）Washington, IBM Center for The Business of Government, 2005, 55pp.
○『ヨーロッパにおける社会保障判例：国内裁判所』（B. Zaglmayer との共著）Intersentia, Antwerpen/Oxford, 2006, xviii+407pp.
○『ヨーロッパにおける社会保障判例：ヨーロッパ人権裁判所』（K. Kapuy & B. Zaglmayer との共著）Intersentia, Antwerpen/Oxford, 2007, 391pp.
○『社会保障はどこへ行く？　西ヨーロッパ15カ国における社会保障管理運営機関の最高責任者（CEOs）からの聞き取り調査』（P. Schoukens との共著）New York, IBM Global Social Segment, IBM Corporation, 2007, 111pp.

本書の執筆方針と各章の概要

序文において著者は，次の3点に言及して本書の執筆方針を明らかにしている。それによれば，第1に本書の目的は，どのような社会保障システムであれ，その構造と展開の中に見出される「選択肢や技術とともに，その概念や原則」について簡潔な輪郭を提供すること。第2に，本書は主としてヨーロッパの社会保障システムを対象とすること。ただし，それはある特定の国の社会保障システムを見習うべき唯一のモデルとして擁護することではない。第3に，全20章に分けられているテーマとその細目の選択にあたっては，社会保障システムの構造の考察に集中することとしたこと，の3点である。したがって，本書の叙述は，法的考察に徹することを目的としていないとしても，かなり法律的であり，それと同時に社会保障法のみに限定せず広く現代法秩序を視野に入れたものとなっている。

(1) 本書における社会保障の定義　著者は第1章「社会保障の概念」の冒頭において，社会保障の概念は論者により多様であること，その中で注目される学説として，社会保障の仕組みや手段に着目するのではなく，「生活資源の喪

失に対して完全に保護された状態」(シンフィールド)として定義する説(類似説,バーグマン),あるいは保障を行う仕組みの集合体としてよりも保障を提供する目的に着目して定義する見解(例えば,ILO「21世紀に向けて:社会保障の発展」に示された見解)があることを紹介して,それらのいわば広義の定義の意義を認めている。

しかし,著者は「選択肢や技術とともに,その概念や原則」のアウトラインを描くという本書の目的から,もっと狭い「作業仮説」を立てて,「稼得(すなわち有償労働による収入)の喪失もしくはその恐れ,または特別の出費に直面する人々と共に連帯をかたちづくる制度の総体」(第1章参照)というように,いわば狭義の定義を採用している。そのうえ本書の紙幅を考慮してか,主として「社会的リスク」として通常認知されているリスクの発生に際して金銭給付を行う制度に限定して叙述することとしているから,本書の考察範囲はかなり限定的であるといえる。ただし,著者は「社会的リスク」を閉ざされた概念として捉えるべきでないことにも言及しており,このような最狭義の概念定義に著者が本来固執しているわけではないことが理解される(第1章および第5章参照)。

そのことは,社会的給付の目的が,受動的な金銭給付に終始することではなく,まず第1に取り組むべきは社会的リスクの発生を防止することであり,次に社会的リスク発生前の状態に回復するよう努めるべきであり(したがって可能な限り早く労働に復帰させるアクティヴェーションの重要性が強調される),社会的リスクの発生に起因する損害の金銭的補償は最後の3番目であると,繰り返し述べていることによっても窺われる(第1章,第6章および第9章参照)。以上の社会保障の定義に関連して,税制と社会保障との緊密な関係性,新しい連帯のかたちとしてのベーシック・インカムに言及していることも注目される。

(2) 総論と各論の章構成の特徴　本書の内容は,上記の作業仮説の下に,全体で20章の構成に絞られている。そのうち,いわば総論に相当するテーマに,かなり多くのスペース(12章分)が当てられているところに構成上の特徴がある。具体的には,社会保障の概念(第1章),社会保障法の法源(第2章),社会

保障の管理運営（第3章），人的な適用範囲（第4章），社会的リスク（概念）（第5章），社会的リスクおよび社会的給付（総論）（第6章），社会保障の資金調達（第15章），司法上の保護（第16章），社会保障法における履行強制（第17章），個人のプライバシーと基本的自由の保護（第18章），国際社会保障法（第19章），および社会保障（法）の国際比較（第20章）の12章である。

　各論では，社会的リスクの概念を再吟味したうえで，特定の国の実定法の規定から出発しないで現実そのものから出発して，社会的リスクの古典的なリストに加えるべきものとして「労働不能」（第9章），「ケア（依存状態）」（第13章）が概念化されるとともに，社会的リスクの概念の下に「生活困窮」（第14章）が取り上げられており，これらの点も留意されるところである。

　各章の概要
　「選択肢や技術とともに，その概念や原則」について著者がヨーロッパにおいて普遍的であると考えるものとは何であろうか。その点に注意を払いつつ，わが国にとって示唆的と考えられるものを，第2章〜第20章のなかからアトランダムに拾って，以下に紹介しよう。
　第2章「社会保障法の法源」では，著者の学位論文（EC加盟国の憲法における社会福祉基本権の考察）の成果を反映してか，その冒頭において，社会保障に関するヨーロッパ諸国の憲法条項の分類と規範的な性格が詳説されている。まず類書にない特徴として注目される。
　基本的社会権を規定する憲法条項は，周知のとおり，憲法上の宣言に過ぎないと解されることが多いが，国によっては，法的な価値を既に証明している条項も存在することが指摘されている。それは「一定の社会的最低基準（すなわち，医療扶助に対する権利，あるいは一般的な最低生活水準に対する権利）を保証する，あるいは憲法の下位の法制によるセーフティネットによって支えられた，基本的社会権の条項の場合にそうである」。
　第3章「社会保障の管理運営」では，はじめに，社会保障の管理運営に関わる階層的な組織が概観されている。次いでヨーロッパの社会保障に共通する原

訳者解題

則というべきものが，社会保障管理運営上の機能的分権化，地域的分権化，および管理運営への当事者の参加に分けて考察される。

機能的な分権化（functional decentralization）は，社会保障管理運営の権限が専門的なまたは非専門的な公的組織，準公的組織および営利もしくは非営利の民間組織へと移転されつつあることを意味するものである。

第4章「人的な適用範囲」では，拠出面の適用範囲と給付面の適用範囲とが区別される。そのうえで，給付面の適用範囲が①全住民をカバーする社会保険の適用範囲のほか，②職域別の社会保険の適用範囲，③自営業者の社会保険の適用範囲，および④公務員ほか特定の職業分野の社会保険の適用範囲に分けて整理される。これらの点検はひととおり避けられない。その後に，各職域に共通する論点として，⑤職域別の構造から生ずる調整，⑥社会保険の適用範囲と国籍との関係，⑦社会保険関係の終了と余後効が取り上げられ，最後に，社会扶助の適用範囲に関して，とりわけ⑧不法就労外国人に対する社会的保護の範囲の問題が細かく論じられている。

最後の⑧不法就労外国人に対する社会的保護については，原則として「緊急かつ必要な保健医療は不法就労の移民であることを理由に支給を見合わせることはない」。「どのような内容の社会扶助給付が提供されるべきか，そしてどのようなレベルの給付が支給されるべきかという問題は，しばしば，不法移民が獲得する最終的な地位によって決まる」。児童については，法的に滞在する資格がない場合であっても，「児童給付の権利を含め，国籍を持つ児童に与えられる社会的保護，その他の保護を享受できるとすべきである」と述べられている。

第5章「社会的リスク（概念）」では，社会的に認知されたリスクの範囲，社会的リスクとしての特徴・位置づけ，および社会的リスクとしての認知の方法が考察される。

そのなかで著者は，従来の「疾病」「障害」というリスクに代えて「労働不能」を社会的リスクとして取り上げ，要旨次のように述べている。すなわち，「特定の法制による規定からではなく現実そのものから出発するならば，疾病

と障害との間に実質的な差がないことが直ちに認識される。いずれも，労働不能に起因する稼得の喪失を塡補することを含意するものである。もちろん，多くの国の社会保障制度は，短期的または一時的な労働不能と長期的あるいは恒常的な労働不能を区別しているのは事実であるが，保障範囲とされるべきリスクには本質的な差はない。さらに同じことは，労働災害，職業病，あるいはまた出産の場合の所得代替給付のように，労働不能の原因に基礎を置いて構築された特別の制度にも妥当する」。

このようにして，特定の実定法上の規定に縛られることなく，また従来のリスク原因別の分類にも囚われることなく，社会的リスク概念は理論的に再構成されることが明らかにされており，示唆的である。

第6章「社会的リスクおよび社会的給付（総論）」では，社会的給付の目的が第1に予防，第2に回復，そして最後に金銭による補償であることが再論され，続いて，総論的な論点が次の11項目ほどのテーマに絞られている。すなわち，①現金給付の水準を決定する方法と指標，②給付水準の維持のための自動調整の方法，③被扶養配偶者がいる場合の認定要件と給付水準，④資力調査の範囲，程度と調査方法，⑤併給調整のあり方，⑥社会保障給付の終了，⑦社会保障受給権の譲渡・差押禁止，⑧給付申請の原則と未請求問題，申請の遡及制限問題，⑨既得権の尊重とその限界，⑩社会保障給付における差別取扱いと平等権，および⑪反社会的行動に対する給付制限などである。多岐にわたる論点が取り上げられ，手際よく捌かれている。

給付水準の維持，併給調整，既得権の尊重といった問題の取扱いを考察するに際して，著者は，社会保険と社会扶助の区別から出発せず，それらを選択肢の一つとしたうえで，むしろ社会的給付としての共通の取扱いを摘出しようとしていることが注目される。

第9章「労働不能」では，まず第1に，稼得能力の喪失の判断基準から考察して，「標準となる者（reference person）」の概念が明らかにされる。すなわち，「標準となる者の概念は，当事者と比較することが可能な者であって，病気や事故の影響を受けておらず，職業という点では当事者と類似している抽象

訳者解題

的な人間」を意味するとされており，労働不能というためには，一般に「標準となる者」との比較において稼得能力を喪失していることが証明されなければならない，とされる。そして第2に，当事者がどの程度の稼得能力を残存しているかの判断にあたっては，「適職」の概念を前提としつつ，労働市場において現実に置かれている状況に基づいて評価するか，労働市場の状況を捨象して「抽象的」評価を行うか，の2つに分けられる，とする。そして第3に，大半の国では，労働市場の劣悪な状況の重圧を受けて，労働不能給付の制度に負荷がかからないようにするとともに，労働市場が変化するたびに労働不能を再評価することを避けるために，労働不能に関して「抽象的」評価を選択しているが，実際には，当事者が仕事を見つける現実の機会について完全に目をつむっているわけではないことが鮮やかに説明される。

労働不能給付の第1の目的であるべき「予防」については，労働不能給付の設計のあり方の中に見出されるものとして，「一定の制度（特に職業病を対象とする保険制度）は，健康が損なわれた後に給付を支給する代わりに，事前に，すなわち，もし健康を害するそうした条件の下で労働し続ければ，深刻な健康被害を受けることが明らかとなった時点で，給付を支給してしまうものがある」ことが紹介されている。わが国にとっても興味深い選択肢の1つである。

このほか，労働不能程度の区分とその審査手続き，初期の労働不能給付と長期の労働不能給付の区別，労働不能給付の受給者による稼得の取扱い，労働不能の予防と回復のための給付等の論点について，ヨーロッパの社会保障に共通の取扱いが摘出される。

第10章「失業」では，①失業保険の適用対象（自営業者を対象とするか否かを含め），②失業の非自発性・非有責性と労働市場への有用性，③「適職」の概念とその基準，④受給期間中の就労の取扱い，⑤退職年齢に達した失業者の取扱い，および⑥労働契約の解約に対する使用者による賠償と失業給付の調整等の論点について，原則的事項が取り上げられている。

特に注目されることは，「部分的失業」の概念とそれに対する失業給付について，「多くの失業給付制度は，部分的失業に対応する措置を置いている。そ

れは自分の意思に反してフルタイムからパートタイムに労働契約を変更させられた者や，自分の希望に反して労働時間を短縮させられた者や，完全失業にならないようパートタイム労働を受け入れた者に関連する。このような者はたとえ部分的に雇用されているという事実があっても，雇用されなくなった時間に応じて給付を受けることができる」とされていることである。

　第11章「家族負担」から第15章「社会保障の資金調達」までの内容は，わが国にも共通する点が多いから，初学者にとっても理解しやすいであろう。

　第16章「司法上の保護」では，まず管理運営機関による内部の審査から叙述されている。内部における不服審査では，手続きは必ずしも互いに反論を尽くす対審的な方法で進められるわけではない。両当事者の平等も必ずしも十分に保証されるわけではない。そのうえ，裁決は必ずしも公表されるとは限らない等々，古典的な争訟手続き上の権利は必ずしも一般的な原則となっていないことが明らかにされる。これらの点はわが国でも同様である。

　しかし，わが国と異なるのは，ヨーロッパでは社会（保障）裁判所の制度が通常であること，そこでは裁判官の構成および裁判手続きの両面で他の裁判所と異なる特徴を有するとされていることである。たとえば専門家の裁判官に加えて非法律家の裁判官も一員となることがある。彼らは時には自営業者の組織から出ることもあるが，ほとんどは使用者の団体と労働組合の出身者である。社会保障裁判所の訴訟費用は通常微々たるもので，訴訟費用を全く請求されないか，管理運営機関の負担とされる，等々とされる。

　第17章「社会保障法における履行強制」では，論点として，①社会保障における届出等の協力義務，②管理運営機関による正当な給付拒否または正当な返還請求でも違法な制裁となり得るケース，③履行強制の手段としての行政上の制裁と刑事上の制裁，および④一事不再理の原則から見た両制裁の関係等が取り上げられ，ここでも社会保障のコモンローというべきものが考察されている。

　そのうえで，履行強制のための制裁に対して，著者は「多くの場合，行政上の制裁と刑事罰を科すこと（その恐れ）は，社会保障上の義務から逃れようと

している人々に対して圧力になるものの、現実にはほんの僅かな圧力にしかならない」。なぜなら「社会扶助の受給者に制裁を課すことは、しばしば人間の尊厳に対する配慮という限界に」ぶつかり、「人たるに値する生活に必要な手段の提供として予定された扶助額を、いかにして削減ないし一時停止できるか疑問だから」と述べている。同様に、「経済的な危機と厖大な失業という状況下で、保険料を拠出できないでいる使用者は、保険料の強制徴収と制裁を受けることを実際にはあまり恐れない」。とりわけ「会社の倒産から被用者の解雇へと至る可能性があるときはそうである」と指摘されている。

　そして「行政上の制裁と刑事罰は、あらゆる種類の社会保障詐欺との戦いにおいて、単に第二次的な役割を演じるだけであって、最も重要なことは確かに社会保障法制を詐欺に遭いにくいものとすることである。社会保障詐欺を掌握するためには、個人と法人の所得税制度が適正に機能することもまた明らかに最も重要である」とされている。

　第18章「個人のプライバシーと基本的自由の保護」では、論点として、①社会保障と基本的自由との緊張関係、②IT, 電子政府の導入とプライバシー保護、③基本的自由と社会連帯とを調和させる規範的な原則等が取り上げられている。

　著者によれば、社会保障制度は単に個人のプライバシーを侵害するだけでなく、他の基本的な権利を侵害することもあり得る。たとえば、ほとんどの国は自己の責めに帰すべき理由によって失業した人に一定の制裁を課す方式を採っているが、黒人、女性等に関する使用者の方針に同意できないことを理由に離職した場合は、自己の責めに帰すべき理由による失業となるのか？　自分の信ずる宗教が禁じている行為を強いられることを理由に、失業保険や社会扶助の実施機関から紹介された仕事を拒絶した場合はどうか？　こうした紛争事例において、多くの国で、裁判所が判断していることは、本人の思想的、宗教的な異議申立てが、はたして、どの程度まで、真剣でかつ一貫しているかということである。この判断において主として審理されていることは、本人がその信念に実際に従って生活する習慣であったか否かということである。

しかし著者によれば，まずそうしたアプローチそのものが是認されない。なぜならそれは基本的権利の本質に完全に反するからである。つまり，政府や社会保障機関は我々の信念の真剣さ・正しさを調査できるとすべきではなく，我々は好きなことを思考し信ずるすべての自由を有しているというべきである。ただし，その一方で，だれでも妥当な信念を持つことの対価を社会に払わせてはならないし，また社会保障制度はどのような「殉教者」をも創り出すべきではない，とされる。
　したがって，基本的自由と社会的連帯の制度とをいかにして調和させるかを考量するにあたっては，信義誠実の原則，合理性原則，均衡原則，法への信頼原則，詐欺および不適切な利用の危険の回避原則，等々の原則が，具体的な解決を見出すための基礎として踏まえられなければならない，とされている。
　第20章「社会保障（法）の国際比較」では，社会保障（法）比較の重要性とその方法論が取り上げられ，外国の社会保障（法）に単に通暁していることとの違いが論じられている。著者によれば，「社会保障（法）比較の固有の方法論に関しては，まだ今後の研究の発展に待たなければならないが，以下はその礎石として指摘できるものである」と前置きして，2つのことが強調されている。従来の類書になくこうしたテーマが1つの章として取り上げられたのは，本書がまさに社会保障のコモンローの構築をめざしているからにほかならない。
　「まず第1に，どのようなかたちであれ自民族中心主義の思考を，比較考察から取り除くことが必須である。しかし残念ながら現実は，自国の固有の（馴染みのある）社会保障（法）制度の概念，課題および範疇から出発して，比較考察されることが多い。そのような場合，他国の社会保障（法）制度は，自国の制度を念頭において概念化されるから，たちまち色眼鏡を通して事実が歪められたものになってしまう」。
　「それゆえ，社会保障（法）比較の適切な考察は，問題を外在的に表現すること，すなわち，比較の対象に含まれるどのシステムまたは制度にも関連のない用語および概念を用いて，比較考察の課題を定式化することから始まる。た

とえば，我々は様々な国々の障害年金を比較しないで，恒常的な労働不能の場合の所得代替給付の比較を行う」。あるいは，「労働不能」という用語に代えて，「疾病または不慮の事故による労働市場での稼得能力の減退」というような記述を用いて，比較を行うべきであるとされる。

さらに，社会保障（法）を比較考察するとき，単に，ある分離された（外在的な）比較対象の点によって一国の制度を調査し比較するだけではなく，その問題にたいする応答がその国のシステムの内部で相互にいかに関連づけられているかということを調査すべきである。そうした「システムの内部の比較」を行うことによって，比較対象の一点だけ切り取るのではなく，一定の原因と効果の関係が全体として結びつけられ得る。つまり一定の政策選択と関係がある一定の長所と短所が同定される，とされる。

本書の評価と今後への期待

以上に紹介したのは，ほんの一部に過ぎない。読者はどの章のどの段落でも熟読玩味することによって，そこに新しい洞察や法理を見出すであろう。

筆者の率直な感想を付け加えれば，本書は，「選択肢や技術とともに，その概念や原則について簡潔な輪郭」を描くことに成功していると思う。選択肢や技術，概念や原則は，著者がEU加盟国ならびにEU加盟申請国という数多くの国の社会保障法の構造と展開の法比較を行ったことによって，はじめて確信をもって導き出され得たものと思われる。言い換えれば，通常ありがちな実定法の条文を並べただけの原則の説明ではなく，社会保障法比較から得られた共通の「選択肢や技術，その概念や原則」を定式化したものと言うことができる。

その中には，むろんわが国でも共通の原則とされているものもある。しかしわが国では従来取り上げられなかった新しい論点も提起されている。その一端は，上記各章の内容に見られるとおり，新鮮な切り口と明確な論理に富むと言って過言ではない。

これらの示唆的な多数の基本原則の形成は，ヨーロッパ社会保障における調

整（co-ordination）と調和（harmonization）が現実に進んでいることの表れであろう（第19章参照）。もっとも，いくつかの重要と思われる法改革の動向，例えば，パート等非正規雇用労働者に対する社会保障上の差別禁止，性に基づく直接的差別もしくは間接的差別，とりわけ婚姻上もしくは家庭内での地位に基づく間接的差別の禁止など，本書が必ずしも深くは踏み込んでいないものもないわけではない。あるいは，それは将来の社会保障（法）像について著者自身の選択を示すことを抑制した結果なのかもしれない。

　本書において社会保障のコモンロー（ius commune）とは，もちろん，コモンロー裁判所が発展させた法分野という意味でも，判例法という意味でも，Civil Law（大陸法）と対比される英米法という意味でもなく，各国の社会保障法に共通する普遍的な法（一般法）としての意味で用いられていると考えられる。ただし，著者は本書で取り上げている多くの「選択肢や技術，その概念や原則」のうちで，どれがコモンロー（一般法）に当たるかを，本文中に大書しているわけではない。一般法の中には根本的・規範的なもの（いわば基本原則）から，その派生的・技術的なものまで含まれると思われるが，そうした区別についても触れているわけではない。

　著者は，ヨーロッパに共通の技術とその概念と考えられるもの（例えば，第9章「労働不能」で取り上げられている「標準となる者」の概念と労働不能程度の区分など）から，明確な規範的原則と考えられるもの（例えば，第18章で取り上げられている「基本的自由と社会連帯との調整に関する原則」など）まで，本書で取り上げられているものの総体を一般法として考えていると思われる。その際，著者は社会保険，社会扶助等の制度別区分を基軸にしないで，社会的リスクを基軸として一般法を構成するとともに，社会保険，社会扶助の相違あるいは資力調査付きか否かといった相違と，そのいずれの方法に依るべきかといったことは，あくまで選択肢の問題として扱っているのである。

　ただ，著者は社会保障におけるコモンローとは何か，基本原則とは何かについて，明確に定義しているわけではないから，読者は本書における概念や原則等の取捨選択に対して過不足はないかどうか，他に原則と認めるべき余地や本

訳者解題

書と異なる取捨選択の基準があるかもしれない，などと考えながら読み進むこともできるし，著者もそれを期待しているのではないかと思われる。

本書を契機に，社会保障法における原則とコモンローの形成・発展をめぐる以上のような関心をもって，国際的な研究交流がますます深まることを著者と共に期待したい。

翻訳を終えて

翻訳の方針としては，もとより原文の論旨を正確に表現することを期したつもりである。しかし，簡潔な原文の中に込められている含蓄まで日本語に的確に表現し得たか否か，読者の評価に委ねるほかはない。原文の論旨を正確に伝えるために，必要最小限の範囲で日本版では本文中に訳注を付すこととした。また著者の了解を得たうえで原書にはない見出しを各章に付けることとした。

共訳者と監訳者の役割分担は次の通りである。まず，第一次訳稿は，山田晋（2，3，4章），伊奈川秀和（5，6，7，9章），井原辰雄（8，12，13，14，15章），平部康子（10，11章），河野正輝（日本版への序文，序文，および1，16，17，18，19，20章）が，それぞれ担当することとして，最終的に河野が監訳者として第一次訳稿の訳語の統一・修正を行い，完成稿を作成した。したがって誤りが残っているとしたら，その責めはすべて監訳者が負うべきものである。

最後に，このささやかな翻訳書も多くの方々の支援に恵まれてはじめて実現したので，その経過に触れておきたい。まず，著者のダニー・ピーテルス教授には，邦訳の快諾とともに，日本版への序文を寄せていただいた。原著にはない小見出しを日本版に付ける件についても，すべて監訳者に任せていただいた。著者との出会いは，ルーヴァン・カトリック大学のJ.ファン・ランゲンドンク（J. Van Langendonck）教授と監訳者との交流がきっかけとなっている。監訳者の前任校である九州大学法学部においてファン・ランゲンドンク教授との交流を企画した機会に，たまたまルーヴァン・カトリック大学内の書籍店で原著に出会い，その機会に同大学の著者にも紹介していただいたのであった。ファン・ランゲンドンク教授との交流は，さいわい現任校である熊本学園大学

社会福祉学部においても続いており，そのお蔭で同大学研究紀要に同教授の年来の研究成果といえる「社会保障の将来（The Future of Social Security）」を全訳して紹介することもできた（『社会関係研究』16巻1号，165-231頁，2011年1月）。こうした長年の交流がなければ本書の翻訳に思い至ることはなかったであろう。

　監訳者ひとりが翻訳を思い立っても，社会法研究会（九州大学）の若い僚友である共訳者の全面的な協力が得られなかったら，これほど短期間に手際よく作業を進めることは到底できなかったと思う。多忙を極めるなか協力を惜しまれなかった共訳者の方々には感謝の言葉もない。

　出版事情がますます厳しさを増すなかで，法律文化社の小西英央氏には一研究者の企画を現実の形にしていただき，熊本学園大学付属社会福祉研究所（所長＝守弘仁志教授）には出版の助成をいただいた。ここに記して御礼申し上げる。

　　　2011年1月

　　　　　　　　　　　　　　　　　　　　　　　　　　　　河野　正輝

索　引

あ　行

アクティヴェーション　10
違憲審査　153
「遺族」リスク　54
依存状態　56, 124
一事不再理　161
一般扶助制度　42, 131
医療化　126
インフォーマル経済　44, 163
影響税　143
欧州評議会　172
オンブズパーソン　33, 154

か　行

外在的に表現すること　176
概念　7
回復　10, 59
家族給付　110
家族手当　110
家族年金　78
稼働所得　82
稼得能力　90
加入期間　76
　仮想の――　86
管理運営　26
管理運営機関内部の不服申立て　151
期間調整給付　83
擬似法令　23
既得権　20, 39, 68, 170
基本的自由　164
基本的人権　116
基本的な権利　167
共済保険　13

行政上の制裁　159
共同被保険者　41
協力　170
協力義務　32, 157
許容された労働　79
金庫　29
金銭給付　8
くさび　138
グループ保険　65
ケア　55
経営管理者　38
刑事上の制裁　160
現金給付　59, 128
健康権　113
現物給付　8
現物給付方式　119
公共連帯　130
国際人権法律文書　172
国際的な法律文書　169
国際労働機関（ILO）　172
国籍　40, 170
国民保険　35
国民保健サービス　36, 114
個人貯蓄口座　145
国家の承継　173
雇用労働　39
婚姻期間比例配分　84
混合給付　14
コンピュータ化　166

さ　行

在宅介護／看護　110
最低加入年数　77
最低保険料　139

再評価　95
差押え　66
差　別　69, 170
3階建て　73
参照所得　87
算定対象期間　60
暫定保険料　138
事　故　54
失　業　9
失業給付の支給額　106
失業の非自発性，非有責性　100
失業扶助　99
失業保険　99
疾病給付　93
疾病または障害をもつ児童　109, 110
児童手当　108
児童手当の額　109
児童手当の上限年齢　109
司法上の保護　150
自民族中心主義の思考　175
社会手当→デモグラント
社会的収入　143
社会的所得　64
社会的保護制度　127
社会的リスク　8, 53
社会扶助　7, 42, 49
社会保険　7, 49
社会保健医療制度　115
社会保障　7, 49
社会保障基金　140
社会(保障)裁判所　152
社会補償制度　15
社会保障組織　114
社会保障の管理運営機関　150
社会保障のコモンロー　178
社会保障の最低基準に関するILO102号条約　8
社会保障の詐欺罪　156, 162
社会保障法　7
社会保障(法)比較　175

宗教の自由　167
自由市場経済原理　123
集団的な協定　65
主観的権利　14, 21, 130, 136
出　産　52, 109
取得過程にある権利　170
障害給付　93
償還払い制度　119
使用者保険料　137
譲　渡　66
情　報　155
職域制度　129
職域別の社会保険　36
職業(再)訓練　104
職業紹介機関　101
職業上の危険　96
職業病　51, 88
所得代替給付　16, 142
所得調査　78
所得の喪失　9
所得比例年金　75
自律の喪失　56
資力調査(ミーンズテスト)　14, 63, 78, 86, 111
人生第4期　125
人的な損害　9
人的な適用対象範囲　85
人的な適用範囲　34
「スカンディナビア」型　17
スライド方式　61
制　裁　156
「成長適合」給付　61
制度的保証　19
税の優遇措置　111
世代間連帯　46, 73
選択の自由　157
専門職　165
相互扶助保険　29
葬祭給付　87
総枠予算　122

索　引

租税支出　　11, 149

た　行

待期期間　　93, 120
第三者責任　　57
「第三者払い」制度　　119
退職年金　　72
団体協約　　117
超国家的な法律文書　　169
調　整　　170
調整文書　　170
帳簿記録保存方式　　74
聴聞の機会　　151
調　和　　171
直接的効力　　169, 171
積立方式　　74, 136
定額給付　　60
定額年金　　75
停　止　　159
適　職　　90, 101, 102
デモグラント（社会手当）　　15, 60, 142
電子政府　　166
統合契約　　133
特別孤児給付　　87
届出義務　　157

な　行

難　民　　44
人間の尊厳　　135
「認知された」社会的リスク　　47
年金権の完全な移転可能性　　39
年金権の非移管性　　81
年金退職年齢　　75
年長者年金　　72, 77

は　行

バーグマン　　8
破　棄　　66, 153
派生した権利　　41
反射的権利　　14, 130

判例法　　23, 165
ビスマルク　　17, 176
人たるに値する生活　　9
被扶養者　　41, 62, 78
表現の自由　　167
被用者保険料　　137
「標準となる者」　　89
費用補償の給付　　142
開かれた定義　　51
賦課方式　　74, 145
不測の事態　　54
不当な社会保障給付の返還請求　　158
部分的失業　　104
普遍的制度　　129
不法就労　　44
不法就労外国人　　43
扶養義務　　132
「扶養される」という概念　　62
扶養命令　　132
プライバシー　　157
分権化　　24, 27, 30
分散化　　25, 27, 30
併給禁止原則　　81
併給制限　　65
ベヴァリッジ　　17, 176
ベーシック・インカム　　16
法的救済手段　　153
保健医療　　9
保健医療扶助　　117
補　償　　10, 59

ま　行

マーケット・バスケット　　60
ミーンズテスト→資力調査
未請求　　67, 134
民間保険　　11
免責金額　　121

や　行

夜　業　　153, 162

197

──（隠れ就労）　103
有償労働　82, 97, 104
要介護者　126
ヨーロッパ共同体（EC）　172
余後効　40
予算自由裁量制　122
予　防　10

ら　行

リスク　53
利用者負担　117
類型別扶助制度　42, 49, 131
列挙方式　51
連　帯　9
連邦制　31
連邦制国家　20
労働協約　14
労働災害　49, 88, 153
労働年齢人口比率　147
労働の意思　16, 102
労働不能　9, 89, 105
労働不能期間　93
労働不能の程度　92
労働不能の防止　95
老　齢　9, 72
老齢年金　72

わ　行

ワークフェア　133

原著者・訳者紹介

【原著者】

ダニー・ピーテルス　ルーヴァン・カトリック大学教授
（Danny Pieters）

【監訳者】

河野正輝（かわの まさてる）　熊本学園大学社会福祉学部教授　日本版への序文，序文，第1章，第16～20章

【共訳者】

山田　晋（やまだ しん）　明治学院大学社会学部教授　第2～4章
伊奈川秀和（いながわひでかず）　厚生労働省参事官（社会保障担当）　第5～7章，第9章
井原辰雄（いはら たつお）　内閣法制局第一部参事官　第8章，第12～15章
平部康子（ひらべ やすこ）　福岡県立大学人間社会学部准教授　第10・11章

熊本学園大学付属社会福祉研究所　社会福祉叢書21

2011年4月5日　初版第1刷発行

社会保障の基本原則

著　者　ダニー・ピーテルス
監訳者　河野　正輝
発行者　田靡　純子

発行所　株式会社法律文化社
〒603-8053　京都市北区上賀茂岩ヶ垣内町71
電話 075(791)7131　FAX 075(721)8400
URL:http://www.hou-bun.com

©2011 Masateru Kawano Printed in Japan
印刷：中村印刷㈱／製本：㈱藤沢製本
装幀　石井きよ子
ISBN 978-4-589-03340-6

河野正輝・良永彌太郎・阿部和光・石橋敏郎編 **社会保険改革の法理と将来像** A5判・360頁・3990円	世界と日本の社会保険改革の動向を俯瞰しながら，近年の「改革」が包含する基本理念と法理の変容を解明する。将来像と成熟の方向を照射し，21世紀の社会保障のあり方を描き出す。
河野正輝・江口隆裕編〔αブックス〕 **レクチャー社会保障法** A5判・304頁・2940円	多数の図表やわかりやすい叙述で社会保障法の全体像がつかめる教科書。基本的な理念としくみをふまえ，各法制度の意義や法解釈上の論点，課題などを解説。社会保障構造改革の国際的な動向にも言及する。
河野正輝・中島 誠・西田和弘編 **社 会 保 障 論** 四六判・352頁・2625円	社会保障の基本を学ぶための入門書。現行制度のしくみを概説し，制度の基礎にある考え方や論理を解き明かすことにより，基本原則をしっかり学習できるよう工夫。国家試験受験者にも役立つ書。〔2011年5月，第2版刊行予定〕
堀 勝洋著 **年 金 保 険 法〔第2版〕** A5判・610頁・7140円	年金保険法の体系全般にわたり，年金制度の趣旨・目的をたんなる条文解釈ではなく，多くの判例をふまえて丁寧に解説。第2版では，新たな関連諸法の概説を追加し，年金額等も書き改めるなど，大幅に増補した。
江口隆裕著〔社会保障・福祉理論選書〕 **「子ども手当」と少子化対策** A5判・216頁・3045円	少子化対策先進国として注目されるフランスの家族政策の思想と展開を批判的に分析するとともに，わが国の少子化対策について，戦前の人口政策から最新の「子ども手当」まで諸施策の問題点をこれからの福祉国家像をふまえ解明する。
江口隆裕著 **変貌する世界と日本の年金** ―年金の基本原理から考える― A5判・258頁・3360円	高齢社会のもとで進む世界の年金改革の動向をふまえ，わが国の制度を基本原理から根源的に考察し，その全体像と課題を提示する。国家財政にもかかわる広がりと深さをもった複雑な年金制度への疑問をすべて明らかにする。

――――法律文化社――――

表示価格は定価（税込価格）です